ÜBERBLICK

GESCHICHTE

ANSEHEN!

EXTRA

MUSEEN

KIRCHEN

RUNDGANG 1

RUNDGANG 2

RUNDGANG 3

KULTUR

SPORT

Martha Schad

Stadtführer Augsburg

für Gäste, Kenner und Liebhaber

D1694507

Bibliografische Information der Deutschen Nationalbibliothek
Die Deutsche Nationalbibliothek verzeichnet diese Publikation in der Deutschen Nationalbibliografie; detaillierte bibliografische Daten sind im Internet über http://dnb.d-nb.de abrufbar.
ISBN 978-3-89639-821-5
Aktualisierte Neuauflage. Redaktion: Michael Friedrichs.
Druck: Joh. Walch, Augsburg. © Wißner-Verlag Augsburg 2011

AUGSBURG HEUTE

Augsburg liegt im Süden der Bundesrepublik im Freistaat Bayern. Augsburg ist die Hauptstadt des Regierungsbezirks **Schwaben**.

Geografische Daten: 48 Grad, 21 Minuten nördlicher Breite und 10 Grad, 52.20 Minuten östlicher Länge, 489 Meter über Meereshöhe.

In Augsburg kreuzen sich die Autobahn München–Stuttgart (A 8) und die Bundesstraßen 2, 10, 17 und 300.

Durch Augsburg geht die 350 km lange „Romantische Straße", die von Würzburg nach Füssen führt.

Die größte **Ausdehnung** des Stadtgebietes beträgt in Nord-Süd-Richtung 23,0 km, in Ost-West-Richtung 14,5 km. Die 80 km lange Stadtgrenze von Augsburg umfasst ca. 15.000 Hektar, zwei Drittel davon sind Grünland, Ackerflächen und Wald, nur ein Drittel ist mit Wohn- und Betriebsgebäuden sowie mit Straßen und Bahnkörpern überbaut.

Heute leben in Augsburg 267.000 Menschen, etwa 45.000 besitzen eine ausländische Staatsangehörigkeit. Etwa

120.000 Augsburger sind römisch-katholisch, etwa 46.000 evangelisch. Die Zahl der Muslime wird auf etwa 23.000 geschätzt. Die israelitische Kultusgemeinde zählt knapp 2000 Mitglieder. Ein interkultureller Stadtplan vermittelt Kenntnisse über religiöse Stätten und multiethnische Kulturangebote.

Augsburg ist eine Friedensstadt und hat einen eigenen **Feiertag**. Seit 1650 wird am 8. August das „**Hohe Friedensfest**" gefeiert, in Erinnerung an die endlich errungene Gleichstellung der Katholiken und Protestanten im Westfälischen Frieden von Münster und Osnabrück 1648. Mit Landtagsbeschluss vom 13.12.1949 wurde das Fest zum offiziell anerkannten staatlichen Feiertag der Stadt Augsburg.

Zur 2000-Jahr-Feier hat die Stadt einen „**Augsburger Friedenspreis**" gestiftet. Er wird an Persönlichkeiten vergeben, die sich um ein ein tolerantes und friedfertiges Miteinander der Kulturen und Religionen gemacht haben. Die Preisträger seitdem: Bischof Hermann Kunst, Chiara Lubich, Nathan Levinson, Richard von Weizsäcker, Bischof Alfons

Nossol, Sumaya Farhat-Naser, Helmut Hartmann, Michael Gorbatschow und Christian Führer, Prinz El Hassan bin Talal von Jordanien. Hier sei auch an den Augsburger Religionsfrieden von 1555 erinnert.

Augsburg ist eine zukunftsorientierte **Wirtschaftsmetropole** mit leistungsstarker Handwerkstradition. Hightech-Produkte aus Augsburg werden in alle Welt exportiert – Produkte der Datentechnik, Mechatronik, Katalysatoren, modernste Dieselmotoren und Druckmaschinen, Carbontechnologie oder Luft- und Raumfahrttechnik.

Augsburg ist auch Sitz international bekannter Firmen des Maschinenbaus, der metallverarbeitenden Industrie, der Elektrotechnik, der Datentechnik sowie der Luft- und Raumfahrtindustrie und des größten Zeitungspapierherstellers Europas UPM.

Augsburg hat sich mit den Landkreisen Augsburg und Aichach-Friedberg zum attraktiven „Wirtschaftsraum Augsburg A³" zusammengeschlossen.

Das moderne **Klinikum** mit 1400 Betten gewährleistet seit 1982 eine den Universitätskliniken vergleichbare Versorgung. Eine Spezialklinik für Orthopädie, die über Augsburg hinaus Berühmtheit erlangte, sind die 1868 gegründete Hessing Kliniken.

Augsburg bietet ein reges **kulturelles Leben**. Ganzjährig bespielt werden das Stadttheater, das Gögginger Kurhaustheater und das Marionettentheater „Augsburger Puppenkiste", weit über Augsburg hinaus bekannt. Opern-, Operetten- und Musical-Aufführungen auf der Freilichtbühne am Roten Tor erfreuen sich großer Beliebtheit. Im Kulturhaus Abraxas finden Musik- und Theaterdarbietungen statt, das private S'ensemble-Theater macht mit zahlreichen Uraufführungen auf sich aufmerksam.

Jährlich wiederkehrende **Feste** sind an Ostern und im Herbst das größte Volksfest in Bayerisch-Schwaben, der „Plärrer", auf dem ehemaligen Exerzierplatz und die Oster- und Herbstdult (Jahrmarkt) in der Jakobervorstadt, sowie am 29. September das „Turamichele" (Namenstag St. Michael) am Perlachturm. Im Dezember ist auf dem Platz vor dem Rathaus der „Augsburger Christkindlesmarkt", vor dem Zeughaus der „Alternative Weihnachtsmarkt" und im Hof des Heilig-Geist-Spitals der Weihnachtsmarkt der Handwerker.

Augsburg hat 35 Grund- und 14 Mittelschulen, 14 Förderschulen, 9 Realschulen (mit Abendrealschule für Berufstätige), 13 Gymnasien (mit Bayernkolleg: 2. Bildungsweg) und etwa 50 berufliche Schulen. Es gibt ein Staatsinstitut für die Ausbildung von Fachlehrern, ein Zentrum für Weiterbildung der Industrie- und Handelskammer und zahlreiche Weiterbildungseinrichtungen für Erwachsene.

Die **Hochschule für angewandte Wissenschaften** (Fachhochschule), ge-

Blick auf St. Ulrich und Afra und die Maximilianstraße

der Welt mit 25.000 Plätzen gebaut, das seitdem mit einem Bundesleistungszentrum für Kanuslalom und Wildwassersport verbunden ist.

Augsburg ist eine Stadt mit hohem Freizeitwert. Im Stadtgebiet liegen viele Park- und **Grünanlagen**, so der Wittelsbacher Park und der Siebentischwald, in dem sich der Botanische Garten mit dem für Europa einmaligen Japan-Garten und der **Zoo** mit etwa 2000 Tieren befinden.

In den Auen von Lech und Wertach und in den westlichen Wäldern mit ausgeschilderten Rad- und Wanderwegen ist es für Spaziergänger und Radler zu jeder Jahreszeit sehr erholsam. Viele Freibadeplätze finden sich an Lech und Wertach, am Kuhsee, Autobahnsee und Weitmannsee. Der Mandichosee an der Lechstaustufe 23 wird besonders von Surfern und Seglern genutzt.

Augsburg ist ein erfolgreicher **Messeplatz** sowie Tagungs- und Veranstaltungsort. Das Augsburger **Messezentrum** bietet auf insgesamt 57.000 qm Ausstellungsfläche Raum für Fach- oder Publikumsmessen ebenso wie für Klein- oder Großveranstaltungen.

Die **Kongresshalle** befindet sich im Wittelsbacher Park, eine Tagungsstätte mit moderner technischer Einrichtung.

Wenn es um die **schwäbische Küche** geht, so rühmte sie schon Goethe im 6. Gesang seines „Reineke Fuchs": „Lasst uns nach Schwaben entfliehen! Hilf Himmel! Es findet sich süße Speis da und alles Gute in Fülle. Und man bäckt im Lande das Brot mit Butter und Eiern. Rein und klar ist das Wasser, die Luft ist heiter und lieblich." Vier große und einige kleinere Augsburger Brauereien sorgen dafür, dass jeder Durst gelöscht werden kann.

Die bekannteste **Augsburger Spezialität** ist der „Zwetschgendatschi", ein Hefeteig-Blechkuchen mit Zwetschgen eng belegt und mit Zimtzucker bestreut. Daher auch der Spitzname der Augsburger: „Datschiburger".

gründet 1971, hat sieben Fakultäten sowie die Kompetenzzentren Konstruktiver Ingenieurbau, Mechatronik und Umwelt.

Die **Universität Augsburg** wurde 1970 gegründet. Sie hat sieben Fakultäten und eine Reihe fakultätsübergreifende Institute und Schwerpunkte. Die Universitätsbibliothek umfasst etwa 2 Millionen Bände und über 450.000 weitere Medien. Ihr größter Schatz ist die berühmte Oettingen-Wallerstein-Bibliothek.

Eine einzigartige wissenschaftliche Sammlung mit fast 500.000 Bänden birgt die **Staats- und Stadtbibliothek**. Als 470 Jahre alte Stadt- und Regionalbibliothek besitzt sie die umfassendste Sammlung von Literatur aus und über Augsburg und Bayerisch-Schwaben.

Unter den 170.000 Bänden der zentral gelegenen **Stadtbücherei** sind alle Sparten der Literatur vertreten, dazu werden zahlreiche Medien angeboten.

Augsburg besitzt eines der reichsten deutschen **Stadtarchiv**e mit Urkunden bis ins frühe Mittelalter.

Augsburg bietet ein sehr breites Angebot an **Sportarten**. Fast jeder dritte Augsburger gehört einem der über 200 Sportvereine an. Es gibt mehr als 80 Freisportanlagen, 60 Sport- und Turnhallen, 10 Hallen- und Freibäder sowie Großstadien für Fußball und Eishockey.

Zur Olympiade von 1972 wurde am Eiskanal, einem Seitenkanal des Lechs, das erste künstliche **Kanuslalomstadion**

Stadtgeschichte: seit 15 v. Chr.

15 v. Chr. Drusus und Tiberius, die Stiefsöhne des Kaisers Augustus, erobern einen Teil des Voralpenlandes und besiegen die Raeter und Vindeliker, die auf dem Gebiet der heutigen Stadt ansässig waren. Die Römer errichten zwischen Lech und Wertach ein Militärlager.

1. Jh. n. Chr. Zur Zeit des Kaisers Tiberius (14–37 n. Chr.) wird die römische Zivilsiedlung gegründet: „Augusta Vindelicum".

St. Ulrich (Sarkophag)

80 Kaiser Claudius lässt eine Straßenverbindung von Venedig aus durch Tirol über Reschen- und Fernpass, Füssen, Epfach und Augsburg bis zur Donau anlegen, die um 80 vollendet war – die „Via Claudia Augusta".

122 Kaiser Hadrian (117–138), der selbst in Raetien war, verleiht der Stadt das römische Stadtrecht.

294 Teilung Raetiens durch Kaiser Diokletian in Raetia Prima mit der Hauptstadt Chur und Raetia Secunda mit der Hauptstadt Augsburg.

304 Christenverfolgungen durch Kaiser Diokletian. Afra, die spätere Heilige, erleidet den Märtyrertod.

5. Jh. Alemannen im schwäbischen Raum.

955 Seit 913 kommt es zu ständigen Ungarneinfällen. Am 8./9. August 955 schließen die Ungarn Augsburg ein. Der Augsburger Bischof Ulrich (923–973) verteidigt mit den Bewohnern der Stadt das Augsburger Gebiet.

Am 10. August 955 werden die Ungarn von König Otto I. und seinem Heer auf dem Lechfeld geschlagen.

1002 Die Eingeweide von Kaiser Otto III.

Römischer Weintransport

werden zunächst in St. Ulrich und Afra, später im Dom beigesetzt.

1051 Reichstag und Synode in Augsburg unter Kaiser Heinrich III. und Papst Leo IX.

1080/1088 Welf IV. zerstört die Stadt.

1096 Pestzeiten.

1132 König Lothar in Augsburg. Es kommt zu einem Gemetzel zwischen den königlichen Soldaten und den angeblich staufisch gesinnten Bürgern, am 30. August wird die Stadt zerstört.

1138 Reichstag des Stauferkönigs Konrad III. in Augsburg.

1151 Papst Victor IV. zur Synode in Augsburg.

1152/1154 Kaiser Friedrich Barbarossa hält Hoftage ab.

1156 Erstes Augsburger Stadtrecht durch Kaiser Friedrich I.

1158 Reichstag Kaiser Barbarossas. Am 14. Juni erfolgt der „Augsburger Schiedsspruch" durch den Kaiser im Streit zwischen dem Bischof von Freising und Heinrich dem Löwen wegen der Isarbrücke bei Föhring. Der Welfe erhält Recht, die Gründung Münchens ist damit festgeschrieben.

1184 Der Ehevertrag zwischen Heinrich VI. und der Erbin Siziliens, Konstanze, wird in der Bischofsburg geschlossen.

1197 Verlobung Herzog Philipps von Schwaben mit der byzantinischen Kaisertochter Irene.

1231 Hoftag König Heinrichs VII. in Augsburg.

1235/1236 Hoftage Kaiser Friedrichs II. in Augsburg.

1237 Ältestes Augsburger Stadtsiegel.

1276 König Rudolf I. genehmigt die Niederschrift des Augsburger Stadtrechts.

1326 König Ludwig der Bayer hält einen Reichstag ab.

1348 Kaiser Karl IV. bestätigt in Augsburg die Rechte der Stadt.

1367 Im Augsburger Steuerbuch erscheint erstmals der Name Fugger.

1368 Bewaffneter Aufstand der Handwerker. Ein Mitspracherecht im Rat der Stadt wird erzwungen, 17 Zünfte gebildet und Zunftverfassungen beschlossen.

Verhör Luthers durch Kardinal Cajetan

1388–1389 Die Truppen der Reichsstädte sammeln sich bei Augsburg zu Verheerungszügen gegen Bayern.

1401/1420 Die Pest wütet in Augsburg.

1432 Hochzeit des Wittelsbacher Herzogs Albrecht III. mit der Augsburger Baderstochter Agnes Bernauer, die 1435 auf Befehl ihres Schwiegervaters Herzog Ernst als Hexe verurteilt und in der Donau bei Straubing ertränkt wird.

1445 Ein Kanal wird vom Lech durch die Stadt geleitet.

1452–1476 Die Schreiberin Klara Haetzler (1430–1476) fertigt eine Abschrift des Stadtrechtsbuches von 1276 und schreibt im Auftrag Jörg Roggenburgs das „Liederbuch" mit Minneliedern aus dem 14. Jh., Wein- und Essliedern und derben Satiren.

1459–1525 Jakob Fugger der Reiche.

1465–1524 Hans Holbein d. Ä.

1465–1547 Konrad Peutinger, Stadtschreiber und Humanist.

1471 Der Rat beschließt die Errichtung eines Waisen- und Findelhauses.

1471 Kurfürst Friedrich von der Pfalz ehelicht das Ratsdienerstöchterlein Clara Tott, Hofdame der Herzogin Anna, der 2. Gemahlin Herzog Albrechts III.; die 1. Gemahlin war Agnes Bernauer. Clara Tott wird Stammmutter des Hauses Löwenstein-Wertheim.

1473 Die Brüder Bartholomäus, Jakob, Lukas und Ulrich Welser, Patrizier, gründen eine Handelsgesellschaft.

1473–1531 Hans Burgkmair.

1473/1474 Reichstag mit Kaiser Friedrich III. und seinem Sohn Erzherzog Maximilian.

1482 Die „Neue Zeitung" erscheint.

1484–1561 Bartholomäus Welser.

1488 Augsburg tritt dem Schwäbischen Bund bei.

1493–1560 Anton Fugger.

1497–1543 Hans Holbein d. J.

1500 Reichstag König Maximilians I.

1511 Martin Luther in Augsburg.

1516 Beginn der Erbauung der von Ulrich, Georg und Jakob Fugger gestifteten Fuggerei (Stiftung 1521).

1517 Ulrich von Hutten wird auf Vorschlag Peutingers in Augsburg zum Dichter gekrönt; er schildert Augsburg in mehreren Schriften.

1518 Reichstag unter Kaiser Maximilian I. 12.–14. Okt.: Martin Luther wird von Kardinal Cajetan, dem Abgesandten des Papstes, in Augsburg wegen seiner 95 Thesen verhört.

1519 Die Wahl Kaiser Karls V. wird mit 543.585 Gulden von den Fuggern und mit 143.333 Gulden von den Welsern mitfinanziert.

1521 Das seit dem 10. Jahrhundert in der Hand des Bischofs liegende Münzrecht wird von Karl V. offiziell der Stadt Augsburg verliehen.

1522 Karl V. gewährt den Welsern die Errichtung einer Faktorei in Santo Domingo (Dom. Republik/Antillen).

1528–1544 Die Welser erhalten die Konzession für den Handel mit Westindien, besonders Venezuela.

1530 Reichstag unter Kaiser Karl V.

Jakob Fuggers Schreibstube

Verlesung der Confessio Augustana (CA), des „Augsburger Bekenntnisses".

1531 Gründung einer evangelischen Schule bei St. Anna.

1537 Einführung der Reformation in Augsburg.

Die Reichsstadt tritt dem Schmalkaldischen Bund bei.

1547 „Geharnischter Reichstag" unter Kaiser Karl V. – Interim.

1548 Belehnung des Herzogs Moritz von Sachsen mit der sächsischen Kurwürde. Wiedereinsetzung des patrizischen Regiments.

Auflösung der Zünfte.

1550/51 Reichstag unter Kaiser Karl V.

1555 Reichstag unter König Ferdinand.

Augsburger Religionsfrieden: Die gemischtkonfessionellen Reichsstädte sollen beide Konfessionen nebeneinander zulassen.

Augsburg hat 35.000 Einwohner; 90 Prozent davon sind evangelisch.

1556 Die Welser verlieren Venezuela.

1557 Heimliche Eheschließung zwischen Erzherzog Ferdinand II. und der Augsburger Patrizierin Philippine Welser, spätere Freiin von Zinnenburg auf Schloss Ambras.

1573–1646 Elias Holl, Augsburgs bedeutendster Stadtbaumeister.

1581 Gründung des Jesuitenkollegs St. Salvator mit Schule.

1582 Kaiser Rudolf II. hält den letzten Reichstag in Augsburg.

um 1600 Über 2000 Weberwerkstätten machen Augsburg zu einer der größten Textilstädte Europas.

1620 Fertigstellung des Rathauses durch Elias Holl

1628 12.103 Pestopfer.

1629 Kaiser Ferdinand II. erlässt das Restitutionsedikt.

1632–1634 König Gustav Adolf von Schweden nimmt kampflos die Stadt ein.

1634/35 Bayerische und kaiserliche Truppen schließen die Stadt ein.

Schwere Hungersnot.

1648 Westfälischer Frieden – Augsburger Parität.

1650 Am 8. August wird erstmals das Hohe Augsburger Friedensfest begangen.

Augsburg hat 14.000 Einwohner.

1675 Die „Wöchentlich-Ordinari-Post-Zeitung" erscheint.

1687 Gründung der ersten Kattunfabrik durch Georg und Jeremias Neuhofer.

1690 Kaiserin Eleonora, dritte Gemahlin von Leopold I., wird im Dom gekrönt.

1703/1704 Französische Belagerung Kurfürst Max Emanuel von Bayern in Augsburg.

1705 Gründung der Neuen Augsburger Kattunfabrik.

1710 Gründung der Reichsstädtischen Kunstakademie.

1719 Leopold Mozart wird in Augsburg geboren.

1730/35 In Augsburg wirken 61 Kupferstecher, 23 Kunstverleger und 275 Silber- und Goldschmiede.

1731 König Friedrich Wilhelm I. von Preußen mit seinem Sohn Friedrich in Augsburg.

1731/1732 Etwa 6000 evangelische Salzburger Emigranten in Augsburg.

1760–1762 Die Gesandten der europäischen Staaten tagen in Augsburg, um eine Beendigung des Krieges zwischen der Kaiserin Maria Theresia und König

Friedrich dem Großen herbeizuführen.

1763/1766 Leopold Mozart mit seinen Wunderkindern Wolfgang Amadeus und Nannerl in Augsburg.

1768 Die Wechselhandlungen Benedikt Adam Liebert, Carlie & Co. und Christian und Georg Jakob Köpf erhalten ein Monopol für die Herstellung von Maria-Theresia-Talern.

1770 Die Habsburger Prinzessin Marie Antoinette weilt auf ihrer Brautfahrt nach Paris in Augsburg.

1770–1772 Johann Heinrich Schüle lässt die erste Fabrik auf dem Kontinent zur Herstellung von Kattun erbauen.

1774–1775 Christian Friedrich Daniel Schubart, schwäbischer Dichter und Publizist, gründet in Augsburg die „Deutsche Chronik".

1777 Wolfgang Amadeus Mozart konzertiert u.a. im Fuggerhaus.

1782 Papst Pius VI. in Augsburg.

1786 Frhr. v. Lüttgendorf misslingt der Luftballonstart mit dem Ballon „Erdlieb".

1790 Johann Wolfgang von Goethe sowie Wolfgang Amadeus Mozart in Augsburg.

1792 Kaiser Franz II. mit seiner Gemahlin Marie Therese von Neapel-Bourbon zu Gast in Augsburg.

1794 Weberunruhen – Die Einfuhr auswärtiger Webwaren soll verboten werden.

1795 3000 Kattunarbeiter.

1796 Der französische General Moreau rückt in die militärisch geräumte Stadt ein (1. Koalitionskrieg).

1799–1801 40.000 russische Soldaten unter Marschall Suwarow in Augsburg (2. Koalitionskrieg).

1801 Abzug der Franzosen; größte Finanznot in der Stadt.

1802/1803 Säkularisation: Aufhebung sämtlicher geistlicher Staaten, wie des Hochstifts Augsburgs und des Reichsstifts St. Ulrich und Afra, und Aufhebung

Mozarts Abschied von seinem „Bäsle" in Augsburg 1777

aller sonstigen Klöster unter Einziehung ihres Vermögens.

1802–1858 Johann Moritz Rugendas, bedeutender Reisemaler, unterstützt von Humboldt.

1805 30.000 Franzosen besetzen die neutral gebliebene Stadt (3. Koalitionskrieg). Napoleon I. in Augsburg.

1806 Augsburg wird von bayerischen Truppen besetzt, verliert seine Reichsfreiheit und fällt an Bayern. Augsburg hat 26.240 Einwohner.

1810 Cottas „Allgemeine Zeitung" wird in Augsburg verlegt.

1817 Augsburg wird Verwaltungssitz des bayerischen Oberdonaukreises, des späteren (1838) Regierungsbezirkes Schwaben (und Neuburg).

1822 Handwerks- und Gewerbeausstellung.

1824 König Max Joseph I. von Bayern und Königin Caroline in Augsburg (25-jähriges Regierungsjubiläum).

1836 Gründung der Augsburger Kammgarnspinnerei (AKS), der ältesten Kammgarnspinnerei Bayerns.

1837 Das Bankhaus Schaezler gründete die Mechanische Baumwollspinnerei und Weberei. Die Finanzierung von 1,2 Millionen Gulden wurde über Aktien in nur 19 Tagen bewerkstelligt. 1909/10 wurde für dieses Werk nach Plänen von Philipp Jakob Manz von Alfred Thormann und Jean Stiefel der sog. „Glaspalast" errichtet, einer der ersten Stahlskelett-Großbauten in Deutschland.

1838 Zar Nikolaus I. in Augsburg.

1840 Bau der Eisenbahnstrecke Augsburg-München unter Vorsitz des Bürgermeisters Carron-du-Val. Gründung der Maschinenfabrik Sander, später Reichenbach, dann Fusion mit der Maschinenbaugesellschaft Nürnberg AG, ab 1898 MAN = Maschinenfabrik Augsburg-Nürnberg. Heute be-

Rudolf Diesel entwickelte seinen Motor in der Augsburger MAN

stehen in Augsburg die Konzernfirmen manroland Druckmaschinen AG, MAN B&W Diesel GmbH, ein Teilbereich der MAN Technologie GmbH München und eine Lkw-Reparaturwerkstätte der MAN Nutzfahrzeuge GmbH München.

1841 Nationalökonom Friedrich List verfasst in Augsburg sein „Nationales System der Ökonomie".

1842 Gründung der Industrie- und Handelskammer für Schwaben und Neuburg.

1848 Handwerks- und Gewerbeausstellung.

1849 Gründung der Papierfabrik Georg Haindl.

1852 Schwäbische Industrieausstellung

1855 Gründung einer Garnzwirnerei, 1863 Verlegung nach Göggingen, späterer Name: Ackermann-Göggingen AG.

1856–1859 Erbauung des städtischen Hauptkrankenhauses bei St. Max, 1982 stillgelegt und unter Denkmalschutz gestellt.

1857 König Ludwig I. von Bayern in Augsburg.

Gründung der Neuen Augsburger Zeitung.

1862 Gründung der „Augsburger Neuesten Nachrichten".

1866 Der Deutsche Bundestag tagt in Augsburg.

1871 Beim Eintritt des Königreichs Bayern hat Augsburg 51.200 Einwohner.

1873 Gründung der Firma Renk, Eisen- und Metallverarbeitung, heute: Renk AG.

1875 Gründung der Firma Wilhelm Zeuner, heute: Zeuna Stärker GmbH & Co. KG. Schwerpunkt der Produktion: katalytische Konverter

1884 Eine im 14. Jahrhundert gegründete Brauerei wird von Familie Riegele übernommen, heute: Riegele Brauhaus.

1886 Schwäbische Kreisausstellung, die größte Ausstellung des 19. Jahrhunderts in Augsburg.

Anschluss des ersten Telefons in Augsburg.

1889 Gründung der Localbahn.

1890 Aus der seit 1464 bestehenden Brauerei wird die Hasen-Bräu AG.

1891 Gründung der Schwäbischen Volkszeitung.

1894 Gründung der Firma Pfister GmbH – Wägetechnikum.

1897 Gründung der Ballonfabrik Riedinger, heute: Ballonfabrik, See- und Luftausrüstung GmbH & Co. KG.

Rudolf Diesel stellt seinen Motor in der MAN vor.

Gründung der Lech-Elektrizitätswerke AG.

1898 Gründung der Firma Keller & Knappich (KUKA), heute Schweißanlagen und Roboter.

1898 Bertolt Brecht wird in Augsburg geboren.

1898 Erste elektrische Straßenbahn in Augsburg.

1905 Der amerikanische Präsident Franklin Roosevelt in Augsburg.

1906 Jubiläumsvolksfest anlässlich der Jahrhundertfeier der Einverleibung Augsburgs durch Bayern.

Gründung der Wolfram Lampen AG, heute Osram GmbH.

1909 Gründung einer mechanischen Werkstatt, heute: Alpine AG, Mechanische Verfahrenstechnik.

1910 Augsburg hat 123.000 Einwohner.

1910–16 Eingemeinung von Siebenbrunn, Oberhausen, Pfersee, Lechhausen, Hochzoll und Kriegshaber.

1914 König Ludwig III. von Bayern und

seine Gemahlin Maria Theresia zu Gast in Augsburg.

1917 Augsburg erhält elektrisches Licht.

1918 Die Berliner Rumplerwerke, 1908 als erste deutsche Flugzeugfabrik gegründet, werden nach Augsburg verlegt.

Die Firma Flugzeugbau Messerschmitt-Bamberg fusionierte 1927 mit den Bayerischen Flugzeugwerken in Augsburg. Sie wurden geleitet von Wilhelm Messerschmitt. Bekannte BFW/Messerschmitt-Flugzeuge von 1926–1945 waren u.a. das Schulflugzeug Udet U 12 „Flamingo", die Sportflugzeuge M 19, 23 und 35, das Spezial-Weltrekordflugzeug Me 209, das meistgebaute Jagdflugzeug der Welt, die Me 109, der erste serienmäßig gebaute Raketenjäger der Welt, die Me 163, und der erste serienmäßig gebaute Düsenjäger, die Me 262.

Das ehemalige Augsburger Werk Messerschmitt-Bölkow-Blohm firmiert heute als Premium Aerotec GmbH.

1919 Der bayerische Ministerpräsident Kurt Eisner in Augsburg

Massenkundgebung im Augsburger Ludwigsbau zur Ausrufung der Räterepublik. Heftige Kämpfe beim Einmarsch der „Weißen Truppen"

Gründung der Generalvertretung Manfred Erhardt, ab 1933 Alleininhaber Albert Leimer, heute: Erhardt & Leimer GmbH, Leitershofen.

Elektromechanische und elektronische Geräte zur Führung und Kontrolle von Textil-, Papier- und Folienbahnen.

1931 Prof. Auguste Piccard startet mit einem Riedinger-Freiballon zu einem Stratosphärenflug in eine Höhe von 15.781 m.

1933 Mit nur einem Drittel der Stimmen übernimmt die NSDAP den Stadtrat.

1936/1940 Richard Strauss als Dirigent am Stadttheater in Augsburg.

1937 Boykott jüdischer Geschäfte

Adolf Hitler bei der 15-Jahr-Feier der NSDAP in Augsburg.

1938 „Reichskristallnacht". Schändung der Synagoge.

Augsburg erhält einen Autobahnanschluss.

1941 Der Führerstellvertreter Rudolf Hess startet auf dem Flugplatz der Messerschmitt-Werke zu seinem Flug nach England.

1944 Februar: Luftangriff auf Augsburg mit schweren Zerstörungen.

1945 Schwerer Tagesluftangriff.

Die Stadt wurde zu 50 Prozent zerstört.

– Gründung der Firma Böhler & Weber, heute: BÖWE GmbH, Reinigungstechnik, Informations- und Systemtechnik, Systemvertrieb-GmbH.

Gründung der Augsburger Allgemeinen Zeitung durch Curt Frenzel, verlegt in der Presse-Druck- und Verlags-GmbH, Augsburg.

1947 Niederlassung der NCR GmbH, Schwerpunkt heute: Geldautomaten.

1949 1. Augsburger Frühjahrsausstellung – afa.

1950 Gründung der Elbeo-Werke GmbH in Augsburg; Strumpffabrikation.

1951 Auf den Bautrümmern der Stadt entsteht das Rosenau-Stadion.

1955 Patenschaft Augsburgs für die vertriebenen Deutschen aus Stadt- und Landkreis Reichenberg.

1956 Inverness/Schottland wird Partnerstadt.

1959 Amagasaki und Nagahama/Japan werden Partnerstädte.

Ansiedlung einer Fertigungsstätte der Siemens AG.

Gründung der Gesellschaft zur Erhaltung Alt-Augsburger Kulturdenkmäler durch Bürgermeister Dr. Ludwig Wegele.

1964 Dayton/Ohio, USA, wird Partnerstadt von Augsburg.

1967 Bourges/Frankreich wird Partnerstadt.

1970 Gründung der Universität Augsburg.

1972 Augsburg übernimmt die Patenschaft für Stadt und Kreis Neudek im Erzgebirge.

Olympische Spiele in München; Augsburg ist Austragungsort des ersten olympischen Kanu-Slaloms.

Eingemeindung von Haunstetten, Göggingen, Inningen und Bergheim.

1980 Feier „450 Jahre Confessio Augustana". Ausstellung „Welt im Umbruch, Augsburg zwischen Renaissance und Barock".

1982 Inbetriebnahme des Klinikums.

Katholikentag in Augsburg.

Friedenstafel auf dem Rathausplatz beim Augsburger Friedensfest

1983 Gedenkfeier zum 500. Geburtstag von Martin Luther.

1985 2000-Jahr-Feier. Erstmalige Verleihung des „Preises zum Augsburger Friedensfest". Bayerische Landesausstellung „Aufbruch ins Industriezeitalter". Ausstellung: „Die Römer in Schwaben". Eröffnung der Bert-Brecht-Gedenkstätte.

1987 Papst Johannes Paul II. besucht Augsburg – Ökumenischer Gottesdienst.

1988 Eröffnung des neuen Messezentrums.

1991 Eröffnung des Naturmuseums.

1993 Das Lettl-Atrium (Museum für Surreale Kunst) wird in den Hof der IHK Augsburg verlegt.

1995 Erstmalige Verleihung des Bert-Brecht-Preises der Stadt Augsburg. Eröffnung des Kulturhauses „Abraxas".

1996 Wiedereröffnung des Kurhauses/ Parktheaters Göggingen.

1997 Errichtung des Landesamts für Umwelt. Bau der Anton-Fugger-Brücke.

1998 Aufhebung der US-Garnison Augsburg.

1999 Unterzeichnung der „Gemeinsamen Erklärung zur Rechtfertigungslehre" (GER) durch Edward Kardinal Cassidy, päpstlicher Rat zur Förderung der Einheit der Christen, und Landesbischof Christian Krause, Präsident des Lutherischen Weltbundes.

2000 Ausstellung „Augsburgs Glanz – Europas Ruhm" zu Ehren des berühmten Künstlers Adriaen de Vries. Ausstellung „350 Jahre Augsburger Hohes Friedensfest". Eröffnung des Afra-Museums am Dom.

2001 Verkauf der Haindlschen Papierfabriken an UPM-Kymmene. Liberec (Tschechien) wird Partnerstadt.

2004 Errichtung der „Kurt und Felicitas Viermetz Stiftung", die zahlreiche Kultureinrichtungen in Augsburg unterstützt.

2004 Jinan (China) wird Partnerstadt.

2005 Feiern aus Anlass der 450. Wiederkehr des Augsburger Religionsfriedens am 25. September mit Bundespräsident Horst Köhler.

2007 Mieczyslaw (Mietek) Pemper wird Ehrenbürger von Augsburg. Weitere Ehrenbürger sind Kurt F. Viermetz sowie die Alt-Oberbürgermeister Hans Breuer und Dr. Peter Menacher.

2008 Aus den Kommunalwahlen geht die CSU als stärkste Partei hervor. Dr. Kurt Gribl wird Oberbürgermeister. Leopold-Mozart-Zentrum wird Musikhochschule in der Universität Augsburg.

2009 Eröffnung der Neuen Stadtbücherei und des neuen FCA-Stadions.

2010 Das Staatliche Textil- und Industriemuseum tim wird am 20. Januar eröffnet. Dr. Konrad Zdarsa wird am 8. Juli zum Bischof von Augsburg ernannt.

ANSEHEN!

Rathaus 👁**1**

1614 entschloss sich der Rat der Stadt Augsburg, das spätgotische Rathaus mit dem Glockenturm abzubrechen und von **Elias Holl** durch einen Neubau ersetzen zu lassen. Die Grundsteinlegung fand 1615 statt, die erste Ratssitzung im neuen Haus wurde 1620 abgehalten. Die Arbeiten an der Innenausstattung waren 1624 abgeschlossen.

In der Nacht vom 26. auf den 27. Februar 1944 wurde das Rathaus bis auf die Außenmauern zerstört. Die Sanierung der Rathausfassaden konnte 1955, im Jahr der 1000-Jahr-Feier der Schlacht auf dem Lechfeld, beendet werden. 1962 erfolgte die Einweihung des bis auf den Goldenen Saal wiederhergestellten Rathauses. Von 1980–1984 wurde eine Generalsanierung des Rathauses und des Perlachturms vorgenommen.

Zur 2000-Jahr-Feier der Stadt Augsburg war die erste Stufe der Wiederherstellung des Goldenen Saales abgeschlossen. Die Gesamtsanierung war im April 1990 beendet.

Das Augsburger Rathaus ist der bedeutendste Renaissancebau des Augsburger Stadtwerkmeisters Elias Holl (1573–1646). Er schuf den wohl majestätischsten Rathausbau im europäischen Raum, einen Monumentalbau, der „den Machtanspruch der in der Stadt herrschenden Ratsoligarchie prachtvoll formuliert zum Ausdruck bringt".

Die eindrucksvoll schlichte **Fassade** mit flachen Mittelrisaliten erreicht eine Höhe von 44 m bis zur Spitze des Giebeldreiecks auf der Westseite, während die Ostseite durch den Geländeunterschied (Eisenberg) 52 m (über Platzniveau) misst. Die Höhe des Rathauses bis zu den beiden achteckigen, mit Zwiebelhauben versehenen Türmen beträgt 65 m.

Über dem Hauptportal der **Westfassade** steht die Inschrift: PUBLICO CONSILIO / PUBLICAE SALUTI / MDCXX (dem öffentlichen Rat, dem öffentlichen Wohl, 1620). Das Bronzegitter entwarf Christoph Murmann d. J., 1620.

Im Giebelfeld der Westfassade war bis 1806 als Symbol der freien Reichsstadt Augsburg ein bronzener vergoldeter Doppeladler, der durch einen in kräftigen Farben gemalten ersetzt wurde.

Den First des Dreiecksgiebels bekrönt das Stadtwappen, ursprünglich wohl ebenfalls vergoldet.

Neben dem linken Seitenportal der Westfassade Augsburger „Maßstäbe" aus Bronze: $1/_2$ Holzklafter, 1 Leinwand- und 1 Barchent-Elle, 1 „Statt Werckh schuch".

An der Ostfassade befindet sich das ursprünglich aus dem gotischen Rathaus stammende Steinrelief: Zwei „wilde Männer" bewachen das Augsburger

Goldener Saal im Rathaus

Stadtwappen, die Zirbelnuss, damals noch in Form einer Traube. Auf dem Spruchband steht: CHRISTI TIBI GLORIA / IN AUGUSTA RHAETICA / URBE VERE REGIA (= Dir, Christus, gebührt der Ruhm in Augsburg, der wahrhaft königlichen Stadt). Im Erdgeschoss des Rathauses und im ersten Obergeschoss des Mitteltrakts liegen die bei den dreischiffigen Hallen des Unteren und Oberen Fletzes, darüber der drei Geschosse einnehmende Goldene Saal, darüber die sog. Modellkammer.

Den Goldenen Saal umgeben vier Fürstenzimmer, erst zum Teil rekonstruiert, die als kleine Repräsentationsräume für Empfänge der Stadt Augsburg genutzt werden.

Der **Goldene Saal** ist 32,65 m lang, 17,35 m breit und 14,22 m hoch. Die Ausstattung des Bildprogramms im Goldenen Saal wird von zwei Leitmotiven bestimmt: dem „Kaisergedanken" und dem „Moralgedanken". Die Ideen zum Bildprogramm stammen von Matthäus Rader SJ, die Skizzen fertigte Peter Candid (1548–1628), und mit der Innenausstattung und Bemalung war der Augsburger Stadtmaler Matthias Kager

(1575–1634) beauftragt. Die prächtige Decke des Saales war von Elias Holl mit 27 Ketten an dem hölzernen Dachstuhl aufgehängt worden. Heute sind die Kassetten an einer Stahlsteindecke befestigt. An die Stelle einer massiven Decke aus Nussholzbrettern traten Tischlerplatten, die mit 3 mm starken Nussbaumfurnieren verleimt sind. Die kleineren Schnitzelemente wurden aus Lindenholz gefertigt. Zur Vergoldung verwendete man 23 ½-karätiges Altgold.

Die **Gemälde der Decke:** Die zehn Tafeln mit Grotesk-Ornamentik wurden von dem Augsburger Kunstmaler Hermenegild Peiker neu gemalt. Die elf Einzelbilder schuf bereits 1960 der Würzburger Kunstmaler Prof. Oskar Martin-Amorbach nach Farbfotografien.

Das 24 qm große Mittelovalbild zeigt die „Sapientia" (= Weisheit). Der Wahlspruch auf dem Band: „PER ME REGES REGNANT" (= durch mich herrschen die Herrscher) weist darauf hin, dass die Weisheit die wichtigste Tugend der Herrschenden sein soll.

Das westliche Rundbild und vier Ovalbilder: Im Rundbild die „Architectura", neben der der Erbauer des Rathauses, Elias Holl, mit Rathausgrundrissplan und Zirkel erkennbar ist. Der im Bild dargestellte Laufrad-Holzkran wurde zum Bürgerfest 1985 nachgebaut und am Platz hinter dem Rathaus gezeigt. Das Spruchband: CIVITATES CONDUNTUR (= Städte werden gegründet).

Die Frauengestalten: IUVENTUS SAPIT (= die Jugend findet Geschmack am Wissen) versinnbildlicht das Streben nach Wissen. CIVES PROPAGANTUR (= die Bürger mehren und vermehren sich) steht für den Fleiß und die Fruchtbarkeit. NEMO OTIOSUS (= niemand sei müßig) symbolisiert die Arbeitsamkeit, CAELUM APERITUR (= der Himmel öffnet sich) die Frömmigkeit.

Das östliche Rundbild und vier Ovalbilder: Im Rundbild eine „Minerva Bellona" mit dem Leitmotiv: HOSTES ARCENTUR (= Feinde werden abgewehrt), ein Hinweis auf die Wehrbereitschaft.

Die Frauengestalten: PROCUL PARCAE (= fern seien die Parzen, fern ist die Todesgöttin) versinnbildlicht die Heilkunst, BONA FIDE (= auf Treu und Glauben) die Redlichkeit, BONUS RIDET, MALUS PLORAT (= der Gute lacht, der Böse weint) die Gerechtigkeit, OMNIA ET UBIQUE (= alles für alle) den Wohlstand.

Über dem **südlichen Hauptportal** erscheinen in großformatiger Inschrift die Namen des zur Zeit des Rathausbaues herrschenden Kaisers und der Augsburger Bauherren. Über dem **nördlichen Hauptportal** befindet sich ein allegorisches Gemälde von Hans Rottenhammer (von Hermenegild Peiker nach Farbfotos erneuert), mit dem Reichsadler, der thronenden „Augusta" und den Augsburger Flüssen Lech, Wertach, Singold und Brunnenbach.

Eine Frauengestalt (Abundantia) mit Ährenkranz und Füllhorn versinnbildlicht den Überfluss.

Über dem Gemälde trägt die reich verzierte vergoldete Kartusche folgende Inschrift: S.P.Q.A. / Fieri / Curavit / Anno P.C.N. / MDCXX (Senat und Volk von Augsburg ließen dies 1620 n. Chr. er-

bauen). Der Augsburger Kunstmaler Hermenegild Peiker ließ die ursprünglichen von Matthias Kager geschaffenen **Freskomalereien** an den Wänden unter Einbeziehung der wenigen erhaltenen Reste wieder entstehen: im unteren Bereich des Saales die grafisch wirkende Grisaillemalerei, darüber in einer sehr plastischen Scheinarchitektur überlebensgroße Kaiserfiguren.

Auf der Nordwand acht heidnische und auf der Südwand acht christliche Kaiser, jeweils mit ihren Wahlsprüchen.

Köstlich sind die kleinen Putten mit den Blumengirlanden in den gemalten Fensterumrahmungen.

Der beeindruckende Prachtsaal mit einer brillanten Lichtführung aus 60 Fenstern dient heute der Stadt Augsburg zu Repräsentationszwecken.

Ursprünglich versammelten sich im Goldenen Saal alljährlich zu Beginn der Sitzungsperiode die 300 Mitglieder des „Großen Rates". Anlässlich der 1653 in Augsburg stattfindenden Wahl Ferdinands IV. zum König wurden die Abgesandten der Kurfürsten in den Amtsstuben und den Fürstenzimmern des Rathauses „einlogiert". Bei der Krönung von Eleonore Magdalena Theresia, der Gemahlin Kaiser Leopolds I., am 9. Januar 1690 wurde ein Festmahl im Goldenen Saal abgehalten, und es wird von einem Krönungsbankett zu Ehren Josephs I. am 14. Januar 1690 im Festsaal berichtet.

Die **Fürstenzimmer** wurden wie folgt genutzt: Dem Kaiser stand das nordwestliche Fürstenzimmer zu, im nordöstlichen Zimmer waren Trennwände eingezogen, um sie für die Kurfürsten benutzbar zu machen. Im südwestlichen Fürstenzimmer standen die Tische, Stühle und Tribünen der Votanten, und das südöstliche Fürstenzimmer diente der Kaiserin als „Retirade".

Am 25. Juli 1792 besichtigte Kaiser Franz II. mit seiner Gemahlin Marie Therese von Bourbon-Neapel das Rathaus. Im Goldenen Saal wurden die hohen Herrschaften von den Stadt-pflegern von Rehlingen und Paul von Stetten und dem gesamten Rat der Stadt begrüßt.

Patrizierinnen und andere Frauen von „Distinktion" wurden von der Kaiserin zum Handkuss zugelassen. Die Versammlungen zum Reichstag von 1713 fanden ebenso im Goldenen Saal statt wie das Festbankett anlässlich des Besuches des letzten bayerischen Königs, Ludwigs III., im Juni 1914.

Reichskanzler Otto von Bismarck waren am 8. Februar 1891 die Ehrenbürgerrechte der Stadt Augsburg verliehen worden. Auf Bitten einiger Augsburger Bürger besuchte Bismarck zusammen mit seiner Frau Augsburg am 26. Juni 1892. Im Rathaus waren die städtischen Kollegien in Amtstracht, der Armenpflegschaftsrat und die Lokalschulkommission anwesend. Bismarck leerte auf das Wohl der Stadt einen Silberbecher mit Wein. Zwei Lorbeerkränze, 700 Sänger mit der „Wacht am Rhein" und einige Mädchen des Stetten-Instituts, die Blumenkörbchen verteilten, zierten den Festakt im Goldenen Saal.

Seit dem Jahr 2001 befinden sich in einem kleinen Raum in der südöstlichen Ecke des unteren Fletzes, der prächtigen Eingangshalle, zwei Gedenktafeln mit den Namen der im Nationalsozialismus umgekommenen jüdischen Bürger.

Seit 2007 gibt es in einem weiteren kleinen Raum in der Eingangshalle ein Angebot für Blinde und Sehende: „2000 Jahre Stadtgeschichte zum Anfassen", in dem Bronzeabgüsse von Fundstücken und Kunstwerken durch Berühren erfahren werden können.

Geöffnet: täglich 10–18 Uhr.
Eintrittskarten für den Goldenen Saal im Shop im Eingangsbereich des Rathauses.

Der **Rathausplatz** hieß von 1806 bis 1972 offiziell Ludwigsplatz, nach König Ludwig I. von Bayern, der den – 1944 völlig zerstörten – arkadenreichen Monumentalbau der Augsburger Börse an-geordnet hatte. Eine Wiedererrichtung scheiterte 1961 an Bürgerprotesten, und so ergab sich schließlich der große Platz vor dem Rathaus, der den Blick freigibt auf den Hollschen Monumentalbau. Auf dem Rathausplatz findet vom Donnerstag vor dem ersten Adventssonntag bis zum Heiligen Abend der **Augsburger Christkindlesmarkt** statt, der mittlerweile eine 500-jährige Tradition aufweist.

Den nördlichen Abschluss des Rathausplatzes bildet das Verwaltungsgebäude, nach Plänen von Friedrich von Thiersch (1852–1921), Fritz Steinhäußer (1852–1929) und Josef Schempp (1865–1931) im Jahre 1902 fertiggestellt. An der Ostfassade ist die Büste des Oberbürgermeisters Georg Ritter von Wolfram (1851–1923) angebracht, an der Westfassade zur Philippine-Welser-Straße hin sind die Büsten von Oberbaurat Fritz Steinhäußer, Bürgermeister Franz Gentner (1847–1922) und Oberingenieur Josef Schempp zu sehen.

An der Ostfassade befindet sich auch eine Erinnerungstafel an Matthäus Lang von Wellenburg (1469–1540), enger Mitarbeiter von Kaiser Maximilian I. und späterer Bischof von Gurk, Kardinal, Erzbischof von Salzburg, Bischof von Cartagena und Primas von Deutschland. Schräg gegenüber im Haus Maximilianstraße 21 wurde 1459 Augsburgs bedeutendster Kaufmann geboren: Jakob Fugger „der Reiche".

Augustusbrunnen   👁 2

Der Augustusbrunnen wurde in den Jahren 1588 bis 1594 nach Modellen des Bildhauers Hubert Gerhard vom Stadtgießer Peter Wagner gegossen.

Der Brunnen besteht aus zwei Materialien, aus Marmor und Bronze. Die Figur des Kaisers ist ca. 2,50 m hoch und wiegt 27 Zentner. Der Kaiser ist als etwa fünfzigjähriger Mann dargestellt. Die Geste der erhobenen Rechten ist die der „adlocutio", der feierlichen Ansprache an

ANSEHEN!

Rudolf II., in dessen Regierungszeit die Aufstellung des Brunnens fällt, die dritte Tafel spricht von dem Gründungsjahr der römischen Kolonie und dem katholischen Bürgermeister Johannes Welser (der evangelische Kollege Christoph Ilsung wollte wegen Meinungsverschiedenheiten nicht genannt werden). Die vierte Tafel war zunächst unbeschrieben. Erst später nahm sie die Texte auf, die von Restaurierungsarbeiten am Brunnen berichten. Eingangs wird nochmals auf den Namensgeber Kaiser Augustus hingewiesen.

Die nach der römischen Eroberung des Voralpenlandes durch Drusus und Tiberius entstandene Zivilsiedlung am Zusammenfluss von Lech und Wertach erhielt vermutlich unter Kaiser Tiberius den Namen Augusta Vindelicum.

Die vier Wassergottheiten auf dem Beckenrand des Brunnens stellen symbolisch die Flüsse Lech, Brunnenbach, Singold und Wertach dar. Der längste und älteste Fluss, der **Lech**, symbolisiert Schifffahrt, Jagd, Wald und Fischreichtum – seine Symbole sind ein Kranz aus Tannenzapfen, Wolfsfell und Ruder, das Schilfgräser, Krebs und Fische zieren.

Auf den Fischfang weist der mit Eichen-

das Heer. Ein Lorbeerkranz bekränzt das Haupt des Kaisers; Lorbeer als Zeichen des Ruhmes, der Ehre, Ruhe und des Friedens. Auf dem Waffenrock sind Reliefs zu sehen, die die Eigenschaften eines Kaisers versinnbildlichen sollen: Löwenköpfe als Zeichen der Stärke; Delfine mit Dreizack als Zeichen des raschen Entschlusses; Tritonen – Mischwesen aus Fisch und Mensch.

Die Inschriften am Brunnen, ursprünglich aus eingelegten Metallbuchstaben, wurden 1749 durch feuervergoldete Inschriftentafeln ersetzt. Die erste Inschrift ist Kaiser Augustus, dem Gründer und Wohltäter der Stadt, gewidmet. Die zweite Inschrift bezieht sich auf Kaiser

Die Wertach

laubkranz, Netz und Fisch verzierte **Brunnenbach** hin.

Die **Singold**, mit einem krönchenartigen Kopfschmuck und auffallendem Halsschmuck versehen, ist mit einem dünnen Schleier bekleidet. Die Frauengestalt trägt in ihrer Linken ein von seltenen Früchten überquellendes Füllhorn und in ihrer Rechten eine wundervoll verzierte Kanne. Die Singold steht für edle Gewerbe, Garten- und Goldschmiedekunst.

Die **Wertach** mit Ährenkrone, Ähren und Zahnradviertel symbolisiert den Nährstand, den Ackerbau, die Mühlen, Hämmer- und Pumpwerke. Ein Meisterwerk der Schmiedekunst ist das von Georg Scheff 1594 geschaffene Brunnengitter.

Perlachturm
👁 3

Der Perlachturm hatte wohl ursprünglich die Funktion eines Wachtturmes. Ab 1272 ist nachweisbar, dass die Weinträger Wache zu halten hatten. Der noch heute erhaltene Unterbau stammt aus der Zeit um 1060. Der Turm wurde 1410 auf 36 m, 1527 auf 63 m und 1614 bis 1616 auf 70,4 m erhöht. Die letzte Aufstockung erfolgte durch Elias Holl, da 1615 die ursprünglich im gotischen Rathaus befindliche Ratsglocke auf den Perlachturm kam.

Auf der laternenartigen Bekrönung befindet sich die vergoldete Wetterfahne mit der heidnischen Stadtgöttin Cisa.

Zur 2000-Jahr-Feier der Stadt wurde in den Turm ein Glockenspiel eingebaut, das die Alt-Augsburg-Gesellschaft stiftete. Das Glockenspiel erklingt um 11, 12, 17 und 18 Uhr. Es ertönen Melodien von Wolfgang Amadeus Mozart und Volkslieder.

Jedes Jahr am Michaelstag, dem 29. September, ist in einem Fensterbogen des unteren Teils des Perlachturms eine Michaelsfigur zu sehen, die bei allen Stundenschlägen auf den am Boden liegenden Drachen einsticht. Diese mechanische Figurengruppe geht auf das Jahr 1526 zurück, als Christoph Murmann d. J. dieses Werk schuf. Die im Krieg zerstörte Gruppe wurde 1949 ersetzt. Im Volksmund wird der Erzengel Michael das „Turamichele" genannt.

Perlach bezeichnet wohl den Ort, an dem einst ein römisches Amphitheater stand. Daraus ging später ein Volksfestplatz hervor, auf dem Tanzbären zur Belustigung der Zuschauer vorgeführt wurden.

Das Wort Perlach kann in zwei Silben gelesen werden: die Vorsilbe „per" aus dem althochdeutschen „bero" oder „pero", der Bär, und „lach" (auch leich), Spiel und Tanz. So ergibt sich daraus Bärentanzplatz. Auf mittelalterlichen Stichen sind an der Stelle des Fischmarktes zwischen Perlach und Rathaus Bärenzwinger zu erkennen.

Auf den Perlachturm führen 258 Stufen.

Von oben hat man einen schönen Rundblick über die 2000-jährige Stadt, hinein in die Lechebene und bis zu den Alpen.

Jährlich im Oktober findet ein Wettrennen, der „Perlachturm-Lauf", zur Spitze des Turms statt. Zu überwinden sind 261 Stufen, die Bestzeiten liegen unter einer Minute.

Geöffnet: 1. Mai bis Mitte Oktober 10–18 Uhr. www.Augsburg.de

Fuggerei

👁4

Jakoberstraße

Die Fuggerei gilt als die älteste noch bestehende Sozialsiedlung der Welt und zählt zu den großen touristischen Anziehungspunkten in Augsburg. Jakob Fugger der Reiche und seine beiden Brüder Ulrich und Georg sind die Stifter dieser religiös motivierten Siedlung für schuldlos Verarmte. 1516 wurde mit dem Bau der Wohnungen begonnen, der Stiftungsbrief datiert von 1521. 1523 standen 52 Häuser zur Verfügung. Der Baumeister war Thomas Krebs. Die Ähnlichkeit der gesamten Wohnanlage mit den niederländischen Beginenhöfen, vor allem mit der großen Beginage von Brügge, ist nicht zu übersehen. Die Fuggerei wurde im Zweiten Weltkrieg stark zerstört; 80 Prozent der Wohnungen waren vernichtet oder unbewohnbar. Von 1947 bis 1955 dauerten die Wiederaufbaumaßnahmen, wobei man die Fuggerei noch um ein Drittel vergrößerte. Der Wiederaufbau und der Unterhalt der Fuggerei wurde und wird bis heute nahezu ausschließlich aus den Mitteln der Fuggerschen Stiftungen ohne staatliche, kommunale oder kirchliche Zuschüsse bestritten. Das Stiftungsvermögen ist in Forsten, Landwirtschaft und Immobilien angelegt. Das **Senioratsgebäude** ist nach dem Krieg wieder entstanden und hat Teile des alten Fuggerhauses am Rindermarkt und die **St. Leonhards-Kapelle** des ehemaligen Welserhauses aufgenommen.

An der Nordwestecke der Fuggerei (Jakoberstraße) ist der gotische Prunkerker des im Krieg völlig zerstörten Höchstetterhauses angebracht, den Burkhard Engelberg 1507 geschaffen hatte. Die Höchstetter, ähnlich erfolgreich wie die Fugger, finanzierten oft gemeinsam mit diesen lukrative Geschäfte, insbesondere das Kupfergeschäft.

Jakob Fugger stiftete die Siedlung für „arm, dürftig Bürger und Inwohner, zu Augsburg, von Handwerker, Taglöhner und andern, so öffentlich das Almosen nicht suchen". In der Fuggerei wohnten Familien zusammen mit ihren Kindern. Erst in neuerer Zeit ist die Fuggerei eine Altensiedlung geworden. Wer in die Fuggerei aufgenommen werden möchte, soll einen guten Leumund besitzen, Augsburger Bürger sein, Bedürftigkeit nachweisen können und der katholischen Kirche angehören (die letzte dieser Bedingungen gilt erst seit der Reformation). Die Bedürftigkeit wird vom Sozialamt der Stadt Augsburg geprüft. Die Entscheidung über die Aufnahme

ANSEHEN!

kumentiert die Geschichte der Fugger. Im ehemaligen Luftschutzbunker ist eine Ausstellung über die Fuggerei im Zweiten Weltkrieg zu sehen.

Geöffnet: April – Sept. 8–20 Uhr, Okt. – März 9–18 Uhr. www.fugger.de

In der Mittleren Gasse 14 wohnte von 1681 bis 1693 der Augsburger Maurer Franz Mozart, der Urgroßvater des Wolfgang Amadeus Mozart. Franz Mozart war wohl aufgrund einer damals „unehrbaren" Tat in bittere Not geraten. Er hatte die Leiche eines Scharfrichters begraben, bekam keine Aufträge mehr, geriet in Not und wurde in der Fuggerei aufgenommen.

liegt beim Fuggerschen Familienseniorat. Das Seniorat bilden Albert Graf Fugger von Glött, Hubertus Fürst Fugger-Babenhausen und Maria Elisabeth Gräfin Thun-Fugger (Vorsitz).

Mit den laufenden Geschäften ist als Administrator Wolf-Dietrich Graf Hundt betraut.

Die Vergabe einer „Gnadenwohnung" erfolgt auf unbestimmte Zeit. Eine wesentliche Gegenleistung hierfür ist das tägliche Gebet für die Stifter und Wohltäter der Fuggerei. Die Gebete sind im Stiftungsbrief festgeschrieben: das Vater unser, das Credo, das Ehre sei dem Vater und das Ave Maria. Die Jahresmiete für eine etwa 60 qm große Dreizimmerwohnung, meistens mit Bad oder Dusche ausgestattet, beträgt 88 Cent (ursprünglich 1 Rheinischer Gulden). Zusätzlich sind die in Mietwohnungen üblichen monatlichen Nebenkosten aufzubringen. In den 140 Wohnungen der 67 Fuggerei-Häuser leben derzeit rund 150 Personen.

Die Fuggerei ist von einer „Stadtmauer" mit vier Toren umgeben. Der Zugang wird um 22 Uhr geschlossen. Wer später kommt, muss die Dienste des Nachtwächters am Ochsentor (am Ende der Ochsengasse gelegen) in Anspruch nehmen.

Das **Fuggereimuseum** (Mittlere Gasse 14) erschließt den Besuchern die Wohnsituation in der Vergangenheit. Ein moderner didaktischer Bereich do-

In dem Eckhaus unmittelbar am Brunnen befindet sich „das himmlische Fuggerlädle", eine Kaffeestube und Laden mit Andenken und Büchern.

In der Herrengasse Nr. 40, 41 und 42 war im 16. Jahrhundert das „Holzhaus" untergebracht. Das war eine Krankenstation für an Syphilis erkrankte Männer und Frauen, die mit Kuren und Extrakten des amerikanischen Guajakholzes geheilt werden sollten. Für die Kranken wurden bekannte Ärzte wie Dr. Adolph Occo verpflichtet. Heute nehmen sich eine Altenpflegerin und ein Zivildienstleistender der Kranken und Hilfsbedürftigen an. Die Fuggerei ist jedoch kein Altenheim. Jeder versorgt sich hier selbst.

In der Herrengasse Haus Nr. 35 gab es seit der Mitte des 17. Jahrhunderts eine Schule, die ca. 170 bis 180 Schüler besuchten. Das Haus ist heute Sakristei und Wohnung des Fuggereigeistlichen. 1581 ließen Markus und Philipp Eduard Fugger von Hans Holl, dem Vater Elias Holls, die **Markuskirche** erbauen. Am südlichen Volutengiebel ist der Wahlspruch Jakob Fuggers „Nütze die Zeit" mit den beiden Fuggerlilien zu sehen. Auf dem Kreuz der welschen Kirchturmhaube sind ebenfalls stilisierte Fuggerwappenlilien angebracht. Die Markuskirche wurde 1944 fast völlig zerstört.

Das Altarblatt von Jacopo Palma il Giovane und das Taufbecken an der Nordseite sind von der ursprünglichen Renaissanceausstattung geblieben.

Die Kassettendecke, 1550 bis 1560 entstanden, stammt aus einem Fuggerschen Stiftungshaus. An der Westwand ist seit 1950 das Epitaph Ulrich Fuggers (1441–1510), des ältesten Bruders von Jakob Fugger dem Reichen und Mitstifter der Fuggerei, eingelassen. Das aus Solnhofer Stein gefertigte Relief (1518) stammt aus der Fuggerkapelle in St. Anna.

Markus Fugger (1529–1597), einer der Stifter der Kirche, seine Gemahlin Sibylla von Eberstein und deren Söhne und Töchter sind in der Predella des kleinen **Flügelaltars** an der Ostwand der Kirche zu finden. Der Altar zeigt im Schrein unter einem Kleeblattbogen freiplastisch die Marienkrönung, auf den Flügeln Flachreliefs, links den Erzengel Michael, rechts die hl. Anna, außen dekorative Malerei mit Monogramm Christ und Mariä. Der um 1570 geschaffene Flügelaltar stand einst in der Hauskapelle St. Sebastian in den Fuggerhäusern an der heutigen Maximilianstraße.

Der Hohe Dom (kath.) 5

Hoher Weg

An der Stelle des heutigen Doms (Patrozinium: Mariä Heimsuchung, 2. Juli) stand schon in vorkarolingischer Zeit ein größerer Kirchenbau. Bischof Simpert ließ 807 dort einen Bau weihen, der durch die Ungarneinfälle stark beschädigt und von Bischof Ulrich wieder instandgesetzt wurde.

Als 994 die Westmauer dieses Domes einstürzte, stellte Bischof Liutold mit großzügiger Unterstützung der Kaiserin Adelheid, der Gemahlin Ottos I., das Gotteshaus wieder her. Seit dieser Zeit dient nicht mehr St. Ulrich und Afra, sondern der Dom als Bischofsgrablege. Auch das Grab von Kaiser Otto III. be-

findet sich im Augsburger Dom; die genaue Stelle ist unbekannt. Der bayerische Herzog Heinrich II. ließ die in zwei Tongefäßen konservierten inneren Organe des Kaisers in Augsburg beisetzen. Eine Gedenktafel im Schatten einer Säule erinnert daran.

Bischof Heinrich II. begann um 1060 mit einem Domneubau, den sein Nachfolger, Bischof Embrico, 1065 weihte. Aus dieser Zeit stammen auch die beiden mächtigen Domtürme, die 1150 aufgestockt wurden.

Der romanische Bau war eine heute noch im Kern erhaltene dreischiffige Basilika. Ab 1320 ließ der Domkustos Konrad von Randeck den Dom im gotischen Stil umbauen. Das Langhaus wurde eingewölbt und auf fünf Schiffe erweitert. Von 1356 bis 1431 zog sich der Anbau eines Ostchores hin, der unter Bischof Markward, dem späteren Patriarchen von Aquileia, begonnen wurde. Der Ostchor kann Heinrich Parler aus Schwäbisch Gmünd zugeschrieben werden. Im „Bildersturm" der Reformationszeit wurde ein Teil der Inneneinrichtung des Doms zerstört. Die barocke Ausstattung ließ Bischof Pankraz von Dinkel (1811–1894) zugunsten einer neugotischen Dekoration entfernen.

Dom: Blick aus der Krypta

1934 gelang Prof. Toni Roth eine Wiederherstellung der mittelalterlichen Domfassung, 1983/84 erfolgte eine Gesamtrestaurierung des Doms.

In den Dom führen das Nordportal, das südliche Marienportal, das sog. Brautportal und eine bescheidene Pforte, der „Schlupf".

Das 1343 datierte **Nordportal** trägt die skulpturale Ausstattung der frühen Parlerzeit. Die Originale des Tympanons und der Gewändestatuen sind im Innern des Doms geborgen.

Das südliche **Marienportal**, das größte Kirchenportal des 14. Jahrhunderts in Süddeutschland, wurde um 1356 von einer Bildhauergruppe der Parler ausgestaltet; am Gewände als Torwächter die Apostel, am Sockel des hl. Andreas ist das Parlerwappen angebracht. Das Bogenfeld illustriert in Reliefreihen das Marienleben, darüber das „Jüngste Gericht". Am Mittelpfeiler des Portals steht eine majestätische „Madonna mit dem Jesusknaben".

Das **Brautportal** zierte seit dem 19. Jh. die berühmte romanische Bronzetür, die aus konservatorischen Gründen in das benachbarte Diözesanmuseum St. Afra verbracht wurde. Der Münchener Bildhauer Max Faller schuf ein neues Bronzeportal, das in 28 Bildern Szenen aus der biblischen Offenbarung zeigt; an der Innenseite ist das „Te Deum" in bronzenen Schriftzügen angebracht.

Das Innere des Doms: An der Westwand des südlichen Seitenschiffes ist das überlebensgroße und 14,5 m hohe **Fresko des hl. Christophorus** von 1491 nicht zu übersehen. Beeindruckend auch das farbenprächtige „**Marienthron-Glasfenster**", eine Verherrlichung der Maria als Himmelskönigin, um 1350. Am Südpfeiler des Westchors befindet sich ein **Wandfresko**, das die „Drei frommen Frauen" zeigt, die mit Salbgefäßen zum Grab des Herren gehen (1430). Es schimmert ein älteres Fresko durch, das den „Schmerzensmann" erkennen lässt. Die Fresken befinden sich an der Stelle, wo im Mittelalter zu den Auferstehungsspielen eine Jahrmarktbude aufgestellt war.

Den Aufgang zum **Westchor** verschließt ein schmiedeeisernes Gitter von 1656. Im Chorhaupt ist die „Cathedra", der Bischofsstuhl, ein von zwei Löwen flankierter Marmorsessel, antiken kurulischen Sitzen nachgebildet, aus der Zeit um 1000.

Die gemeißelten Chorschranken schuf Burkhart Engelberg im Jahre 1510. Der Hochaltar mit einem Aufsatz aus Erzguss entstand 1447; Chorgestühl und Hängeleuchter stammen aus spätgotischer Zeit.

Die **Krypta** unter dem Westchor ist seit 1981 wieder zugänglich. Sie dient heute als neue Grablege der Augsburger Bischöfe (Bischof Josef Stimpfle †1996). Den älteren, westlichen Teil der Krypta bildet eine Vierstützenanlage des 1065 geweihten Doms.

Aus der karolingischen Zeit stammen die heute als Antependium dienende ehemalige Chorschrankenplatte und die südliche Türumrahmung mit prächtiger Flechtbandornamentik. In der östlichen Apside wird das Gnadenbild des Domes, eine romanische alpenländische Madonna mit dem Kind als „Thron der Weisheit" verehrt. Eine am Boden liegende Gedächtnisplatte erinnert an Bischof Simpert. Durch eine Öffnung im Gewölbe der Krypta ist hier der Schlussstein des Westchors mit der „Gottesmutter" zu sehen.

Die jüngere östliche vierschiffige Krypta wurde im 12. Jahrhundert angelegt.

Reste einer Ausmalung zeigen eine Kreuzigungsgruppe mit Evangelistensymbolen (um 1330) und die Darstellung der Dreifaltigkeit mit Kirche und Synagoge (um 1230) Hier fällt auch eine moderne Pietà aus Kupfer auf, die der Träger des Kunstpreises der Diözese Augsburg, der Bildhauer und Maler Maximilian Rueß (1925–1990), schuf. Die Plastik zeigt den zum Skelett ausgezehrten, kahlgeschorenen Leichnam des Gekreuzigten, nicht wie meist üblich im Schoß seiner Mutter, sondern auf einem primitiven Traggestell. Die Mutter Maria mit maskenhaften Zügen und resigniert herabhängenden Armen weist deutlich auf die Sprachlosigkeit des Schmerzes hin.

An der West- und Nordwand im nördlichen Querarm des Domes finden wir die 1591 begonnene **Bildnisreihe aller Augsburger Bischöfe**. Sie beginnt mit dem Jahr 296 und dem legendären Bischof Dionys.

In der Mitte des Querschiffs erhebt sich ein **Hochgrab**, die Tumba des Bürgerpaares Konrad und Afra Hirn. Die Rotmarmorplatte zeigt die edlen Porträtreliefs des wohltätigen Ehepaares und der Stifter der Goldschmiedekapelle bei St. Anna sowie die Pilgerpatrone Helena und Jakobus.

Vom nördlichen Seitenschiff gelangt man in die **Marienkapelle**, die 1988 in der Originalausstattung des frühen 18. Jahrhunderts wiederhergestellt wurde.

Die Marienkapelle, als Trauungskapelle

Krypta des Augsburger Doms

sehr beliebt, war ein spätbarocker Kuppelbau des Eichstätter Hofbaudirektors Gabriel de Gabrieli, 1722, stuckiert von dessen Bruder Franz Josef. Johann Georg Bergmüller stattete Kuppel und Laterne mit fünf Bildern zu den großen Marienfesten des Kirchenjahres aus. Der Spätbarockaltar hat Schnitzfiguren von Ehrgott Bernhard Bendl.

Die Marienkapelle wurde 1944 schwer zerstört. Den Restauratoren der Benediktbeurer Werkstätten Wiegerling gelang es, mit Hilfe der erhaltenen Kupferstiche des Freskanten Bergmüller die noch erhaltene Originalmalerei bestens zu restaurieren und Fehlendes zu ergänzen. Mittelpunkt der Marienkapelle ist eine durch Jahrhunderte als Gnadenbild verehrte Madonna mit dem Kind (aus Sandstein) von etwa 1330.

Im nördlichen Seitenschiff des Doms befindet sich das **Marienfenster** (Verkündigung, Geburt Christi und Marienkrönung) von Peter Hemmel von Andlau, 1490. Hier ist auch der Zugang zum spätgotischen **Kreuzgang**, der von 1285 bis 1805 als Grablege diente. Die über 400 Grabplatten und Epitaphien sind Werke von Hans Peuerlin d. Ä. Gregor Erhart, Loy Hering, Jakob Murmann, Hans Reichle u. a.

In der südlichen Mittelschiff-Hochwand sind die berühmten **Prophetenfenster** zu sehen, deren Datierung um **1140** anzusetzen ist. Dargestellt sind: **Jona, Daniel, Hosea, David und Moses.**

Prophetenfenster im Dom: David

Werk von Josef Oberberger, München: „Der in Christus gipfelnde Gnadenbaum", 1954.

An den östlichen Freipfeilern des Langhauses sind vier großartige Tafelbilder zu bewundern, die Hans Holbein d. Ä. geschaffen hat. Ursprünglich bildeten sie die Flügel des Marienaltars des oberschwäbischen Benediktinerstifts Weingarten, das 1493 errichtet worden war. Die Kapelle, in der der zusammen mit dem Ulmer Bildhauer Michael Erhart geschaffene Altar stand, musste jedoch 1715 einem barocken Neubau weichen. 1858 konnte der Augsburger Bischof Pankratius Dinkel die beiden spätgotischen Altarflügel für 7500 Gulden in Bregenz erwerben. Die Altarflügel befanden sich allerdings in einem schlechten Zustand und waren auf den Rückseiten mit brauner Farbe völlig übermalt. Dem Augsburger Generalkonservator Andreas Eigner gelang es, die Malereien freizulegen. Die beidseits bemalten Holztafeln wurden gespalten und auf diese Weise vier Bilder für die Seitenaltäre gewonnen.

Die **Holbeinbilder an den östlichen Freipfeilern** zeigen: Rechts westlich: „Joachims Opfer" mit der Nebenszene „Joachim bei den Hirten".

Links westlich: „Mariens Geburt" mit der Nebenszene „Begegnung Joachims und Annas an der Goldenen Pforte".

Links östlich: „Mariens Tempelgang" mit der Nebenszene „Begegnung von Maria und Elisabeth".

Rechts östlich: „Beschneidung Jesu" mit der Nebenszene „Mariens Krönung".

An einem der folgenden Pfeiler finden wir die **Kanzel** von Karl Killer, München (1946). Gegenüber befindet sich der Altar zu Ehren des heiligen Petrus Canisius (1521–1597), der von 1559–1566 Domprediger war und unter dem die Gegenreformation in Augsburg begann.

Otto Truchsess von Waldburg (1514–1573), von 1543 bis 1573 Bischof von Augsburg und seit 1544 Kardinal (ab 1552 Fürstpropst von Ellwangen), hol-

Diese höchst bedeutenden Zeugnisse der deutschen Hochromanik bilden den ältesten erhaltenen figürlichen Glasgemäldezyklus der Welt. An der südlichen und westlichen Hochwand je ein gemalter Fries aus dem 11. Jahrhundert.

Vor den Stufen des Ostchors auf romanischer Säule eine Holzplastik des hl. Ulrich (um 1350), am rechten Pfeiler eine geschnitzte „Muttergottes mit einem Handorgel spielenden Engel", 1490.

Die **Hochaltargruppe** schuf 1962 Prof. Josef Henselmann – eine Bronzegruppe „Christus am Kreuz" und die „Zwölf Apostel" zu beiden Seiten.

1985 erfolgte eine Erweiterung: Zu Füßen des Kreuzes stehen die Propheten Jesaja und Ezechiel, König David, die Patriarchen Moses und Abraham, der Prophet Daniel, die Königin Esther und Johannes der Täufer,.

Das mittlere **Hochwandfenster** ist ein

te den Jesuiten Petrus Canisius in die zu 90 Prozent evangelisch gewordene Reichsstadt. Der Bischof hielt 1567 die erste nachtridentinische Bischofssynode auf deutschem Boden ab.

Der Canisius-Altar ist ein Werk von Prof. Georg Busch und dem Altarbauer Port, 1897 bzw. 1925. Der überlebensgroße Petrus Canisius ist umgeben von Figuren bedeutender Persönlichkeiten: Papst Pius V., Kaiser Ferdinand I., Jakobäa Maria Herzogin von Bayern, Moritz von Hutten, Bischof von Eichstätt, Wilhelm IV. Herzog von Bayern, Kardinal Otto Truchsess von Waldburg, Bischof von Augsburg, Georg Graf Fugger, Ursula Gräfin Fugger-Lichtenstein.

An den westlichen Freipfeilern finden sich vier Altartafeln von dem Ulmer Maler Jörg Stocker, geschaffen um 1484. Es handelt sich um Szenen aus dem Leben Mariens: Christi Geburt, Anbetung der Könige, Tod Mariens, Mariens Krönung. Die Tafeln stammen vom Hochaltar der Pfarrkirche Unterknöringen.

Bemerkenswert sind auch die **Gewölbeschlusssteine** mit der umgebenden Malerei im Dom von 1340 bzw. 1420.

Die Kapellen im Ostchor: Wolfgangkapelle: Ehem. Hochaltarbild „Muttergottes als Patronin des Doms", bedeutendes Werk von Christoph Amberger, 1554.

Augustinuskapelle: Grabmal des Bischofs und Kardinals Peter von Schaumburg mit Skelettdarstellung, 1469.

Gertrudkapelle: Glasmalerei im Mittelfenster, um 1400, seitliche Fenster von Josef Oberberger, 1962.

Schnitzgruppen „Tod Mariens" und „Mariens Krönung", um 1510.

Konradkapelle: Tafelgemälde „Heimsuchung", um 1460 vom Freisinger Meister Sigmund Huetter.

Grabmal des Bischofs Wolfhard von Roth, bedeutender Erzguss mit stilisierter Liegefigur, um 1302.

Annakapelle: seit 1597 Bruderschaftskapelle der Bäcker und Müller Holzrelief der hl. Anna Selbdritt, um 1500.

Antoniuskapelle: Altartafelbild: Muttergottes zwischen zwei Päpsten, um 1500.

Grabmal Bischofs Alexander Sigismund von Pfalz-Neuburg, 1737.

Lukaskapelle: Altar aus Tridentiner Rotmarmor, 1597.

Rotmarmorgrabstein des Fürstbischofs Otto von Gemmingen, gest. 1598 Grabmal des Bischofs Hartmann, Graf von Dillingen, 1286 mit Kirchenmodell.

Am Ostende des äußeren südlichen Seitenschiffs befindet sich seit 1996 der von Reinhold Alexander und Linde Mötz-Grübl gestaltete Herz-Jesu- und **Sakramentsaltar**. Der Aufbau symbolisiert die endzeitliche Vollendung des Erlösungswerkes, wie sie Johannes der Seher auf Patmos geschaut hat: „Sehet die Wohnung Gottes unter den Menschen" (Offbg. 21,1–3). Die roten Textilien stellen das Zelt Gottes bei den Menschen dar und künden vom Triumph der Auserwählten im Himmel. Das Tabernakel mit der Alabastertür und einer Elfenbeindarstellung des Gekreuzigten ist zu verstehen als das Lamm Gottes, das die Zeichen seiner Opferung trägt. Die alte russische Ikone und der Auferstehende Christus bezeichnen Anfang und Ende, Menschwerdung und Ewiges Leben. Der Altar selbst besteht aus der ehemaligen Stipeswand des spätgotischen Ostchoraltars von 1497.

Besichtigung: außerhalb der Gottesdienste täglich.

St. Ulrich und Afra (kath.) 👁6

Ulrichsplatz

Das **Benediktinerkloster** St. Ulrich und Afra ist aus einem Klerikerstift unter Ansiedlung von Tegernseer Reformmönchen hervorgegangen. Als Gründungsjahr gilt 1006. Bischof von Augsburg war damals Bruno, der Bruder Kaiser Heinrichs II. Bis 1577 blieb St. Ulrich und Afra bischöfliches Eigenkloster. Dann erhielt das Kloster durch Kaiser

St. Ulrich: Blick von Süden

Rudolf II. die Reichsunmittelbarkeit und Reichsstandschaft sowie die Exemtion vom Augsburger Bischofsstuhl. St. Ulrich und Afra hatte lange Zeit eine führende Position innerhalb der ostschwäbischen Klöster inne. Das Ende der 800-jährigen Klostergeschichte kam mit der Säkularisation. Versuche, das Kloster wieder zu beleben, scheiterten am Widerstand Bayerns und der Reichsstadt Augsburg. Das Kloster wurde zur Kaserne umgewandelt und im Zweiten Weltkrieg fast völlig zerstört.

1968 erfolgte der Abbruch der Kriegsruinen. Nach Plänen des Architekten Alexander Freiherr von Branca wurde auf dem ehemaligen Klostergelände das „Haus St. Ulrich" als Begegnungs- und Bildungsstätte er baut.

Den heutigen Kirchenbau hatte 1467 Meister Valentin Kindlin begonnen. Nach einem Einsturz des Neubaus infolge Unwetters an Peter und Paul 1474 wurde 1477 Burkhard **Engelberg** beauftragt; ihm folgte 1514 Hans König nach. Kaiser Maximilian I. legte 1500 den Grundstein für den Chorneubau. 1612 waren Bau und Ausstattung des drei-

schiffigen, siebenjochigen Langhauses vollendet. 1944 wurden die Fenster der Kirche und der 1594 vollendete nördliche Turm mit der Kuppel (zum Bau des südlichen Turmes kam es aus finanziellen Gründen nicht mehr) beschädigt.

1946–52 und 1987–90 Restaurierung der Kirche.

Das große Weihwasserbecken im Mittelgang des Kirchenschiffes stammt von Hans Reichle.

Eine Heiltumskammer ist seit 2004 im sogenannten Musizell zu sehen (Kirchenschatz und Ulrichsreliquien).

Drei prachtvolle, goldglänzende Altarbauten (21 bzw. 23,5 m hoch) füllen den Chorraum. Die **Altäre** schuf der Schnitzer Hans Degler aus Weilheim, die Fassung und Bemalung der Vorder- und Rückseiten stammen von Elias Greither d. Ä. Die Altäre wurden 1607 geweiht. Hans Degler schuf auch die prächtige **Kanzel**.

Der **nördliche** (linke) **Seitenaltar** ist der hl. Afra geweiht. Die Hauptszene des Altars zeigt das Flammenwunder des Pfingsttages, darüber die Feuermarter der hl. Afra. In der erst 1873 von Stiefenhofer geschaffenen Predella verweigert die hl. Afra den Götzendienst.

Von den drei Augsburger Bistumsheiligen ist Afra diejenige, die für ihren Glauben sterben musste.

Um die hl. Afra ranken sich mehrere Legenden. Eine davon berichtet, dass die von der Insel Zypern stammende Königin Hilaria mit ihrer Tochter Afra, das bedeutet wohl Afrikanerin, in die Stadt Augsburg verschlagen wurde.

Afra soll sich hier als „Liebesdienerin" den Lebensunterhalt verdient haben.

Der um 304 – in der Zeit der Christenverfolgungen durch Kaiser Diokletian – in Augsburg weilende Bischof Narzissus von Gerona und sein Diakon Felix bekehrten das junge Mädchen, deren Mutter und Dienerinnen zum christlichen Glauben. Als Afra vor dem römischen Richter Gajus standhaft jeden Götzendienst verweigerte, band man sie auf einer Lechinsel an einen Pfahl und verbrannte sie. Im Jahre 1064 wurden unter Bischof Embrico die Gebeine der Heiligen in St. Ulrich und Afra erhoben. Diese ruhen seit 1962 in einem gläsernen Schrein eines spätantiken Sarkophags der Unterkirche.

Der gläserne Schrein wird während der Afraoktav (7.–15. August) am Afraaltar gezeigt.

Der **rechte** (südliche) **Seitenaltar** ist der Ulrichsaltar. Das Hauptthema des Altars bildet die Auferstehung Christi, das Ostergeschehen.

ANSEHEN!

des Bayernherzogs. Ulrich gab ihm als Botenlohn ein Stück von dem Fleisch mit, das noch vom Abend vorher auf dem Teller lag. Zu Hause prangerte nun der Bote die beiden Bischöfe an, weil sie das Fastengebot verletzt hätten. Als Beweis zog er die Wegzehr hervor, die er von Ulrich geschenkt bekommen hatte. Aber das Fleisch hatte sich inzwischen in einen Fisch verwandelt.

Das „Fischwunder" hat Hans Holbein

In der Bekrönung eine Darstellung des Wunders bei der Messe des hl. Ulrich, seitlich davon der hl. Benedikt und dessen Schwester, die hl. Scholastika.

Der hl. Ulrich (um 890 bis 4.7.973) war von 923 bis zu seinem Tode Bischof in Augsburg. Während der Zeit der Ungarneinfälle ließ er Augsburg durch einen Mauerring umgeben. Bevor es zu der epochalen Schlacht auf dem Lechfeld am 10. August 955 kam, wurde das von den Ungarn belagerte Augsburg durch den Einsatz Bischof Ulrichs gehalten.

Die Schlacht gewann das Heer der deutschen Stämme unter König Otto I., doch gilt der Augsburger Bischof Ulrich als Held der Abwehrschlacht. 993 wurde er im ersten offiziell eingeführten Heiligsprechungsverfahren zur Ehre der Altäre erhoben.

Der hl. Ulrich wird stets mit einem Fisch als Attribut dargestellt. Eine Erklärung dafür gibt eine Legende aus dem 14. Jahrhundert. Bischof Ulrich und Bischof Konrad von Konstanz saßen einst an einem Donnerstagabend beim Mahl und diskutierten bis in den Freitag hinein. Am Freitagmorgen kam ein Bote

d. Ä. in einem Flügel des Katharinenaltars gemalt, der in der Staatsgalerie Altdeutsche Gemälde zu sehen ist.

Der **Hochaltar** zeigt in der Hauptszene die Menschwerdung Christi in der Weihnacht und ist dem hl. Narzissus geweiht. Somit sind in den drei großartigen Altären des Chores drei Feste des Kirchenjahres – Ostern, Pfingsten und Weihnachten – dargestellt.

Der aus Schongau stammende Bronzebildner Hans Reichle (1560/70–1642), der zwischen 1588 und 1594 als Gehilfe des Bildhauers Giovanni da Bologna nachweisbar ist, modellierte eine beeindruckende Kreuzigungsgruppe als **Pfarraltar**, die von Wolfgang Neidhart gegossen und 1605 aufgestellt wurde.

Im Oktober 1985 wurden der **Opfertisch**, das **Verkündigungspult** und das pyramidenförmige **Sakramentshaus** geweiht. Der Bildhauer Friedrich Koller aus Laufen im Berchtesgadener Land schuf dieses Ensemble aus beigem französischem Muschelkalk. Bei dem 7,5 m hohen Sakramentshaus mit vergoldeter Spitze und Gitter ließ sich der Künstler von den aufstrebenden gotischen Säulen der Kirche leiten. Die Figur einer hoheitsvollen „**Madonna mit dem Kind**" von Gregor Erhart, um 1500, steht vor dem ersten Vierungspfeiler.

Nördlich und südlich der Seitenaltäre ist der Zugang zur **Unterkirche**, die 1962 nach Plänen des Münchner Professors Josef Wiedemann gestaltet wurde. Im nördlichen Kuppelraum befindet sich der spätantike Steinsarg der hl. Afra. Im südlichen Kuppelraum, ausgestaltet im Geschmack des Rokoko, steht das aus Marmor gemeißelte Tumbagrabmal mit der Liegefigur des hl. Ulrich, geschaffen vom Augsburger Bildhauer Placidus Verhelst, 1762/65.

Im **rechten Seitenschiff** des Langhauses befinden sich 4 Reihenkapellen: Die Georgs-, Andreas- und Benediktuskapelle wurden im 16. Jahrhundert als Grabkapellen für das gräfliche Haus Fugger errichtet. Die **Andreaskapelle** und die westwärts folgende **Simpertkapelle** besitzen eine gemeinsame Schranke aus mehrfarbigem Marmor. Diese wird geziert von den Fuggerschen Wappenlilien und der Wappenrose der Reichsgräfin Sibylla von Eberstein, der Gemahlin von Markus Fugger; beide ruhen in der Andreaskapelle. Auf der Schranke stehen dreizehn Terrakotta-Statuen des Florentiners Carlo Pallago: Christus und die zwölf Apostel.

Die Simpertkapelle ist Grablege des 807 verstorbenen hl. Simpert, der als ein Neffe Karls des Großen gilt. Die Marmortumba mit der Liegefigur des Heiligen stammt wohl aus dem Füssener Kreis Johann Jakob Herkommers, 1714. Der Heilige, versehen mit den bischöflichen Insignien, ist mit einer Wölfin dargestellt, die ein Kind in ihrem Rachen trägt. Dieses Motiv geht auf eine Legende zurück, nach der ein Knäblein, das von einer Wölfin geraubt worden war, nach Anrufung des Heiligen gesund zurückgebracht wurde.

Die Simpertkapelle überwölbt der 1492/96 angelegte „Simpertusbogen", dessen Gewölbe bemalt ist. Über dem Bogen die in „barocker Spätgotik" gestaltete Abtskapelle, die einen Zugang vom ehemaligen Stiftsgebäude aus hatte. Im **linken Seitenschiff** des Langhauses befindet sich die Bartholomäuskapelle.

Besonders faszinierend ist in dem Gotteshaus der Blick vom Ostchor zu dem perspektivischen geschmiedeten Abschlussgitter mit den Laubengängen, das die Vorhalle vom Langhaus trennt. Der Name des Künstlers ist unbekannt geblieben, das prächtige Abschlussschnitzwerk schuf Ehrgott Bernhard Bendl 1712.

Das Gehäuse der Hauptorgel an der Westwand (1608) entwarf Matthias Kager, der 1618 auch die beiden großen Bildflügel malte. Die Orgel ist über die „Mozartstiege" zugänglich – Mozart hat die Orgel 1777 ausprobiert. Das Doppellilienwappen weist auf eine Schenkung des Hauses Fugger hin.

Geöffnet: täglich 7–12 und 14–18 Uhr; Vorraum mit Blick in die Kirche 7–18 Uhr. www.ulrichsbasilika.de

Ulrichskirche (ev.) 👁7

Ulrichsplatz

Die ev. Ulrichskirche bildet zusammen mit St. Ulrich und Afra (kath.) sog. Doppelkirchen, ebenso wie die beiden Heilig-Kreuz-Kirchen, eine Besonderheit der Reformation in Augsburg.

Die Abteikirche des reichsfreien Benediktinerstiftes St. Ulrich und Afra war von einem Ring kleinerer Kirchen und Kapellen umgeben. Das „Predigthaus zu St. Ulrich", die jetzige evangelische Kirche, bildete dabei den größten Anbau, in den 1457 die Gemeindekirche wegen des Umbaus des großen Gotteshauses verlegt wurde. Das Predigthaus, ursprünglich die „St. Ulrichsgred", diente Wallfahrern als Kaufstätte und reichen Augsburger Bürgern als Grablege. Bald nach Luthers Thesenanschlag 1517 in Wittenberg hielt die Reformation Einzug in die Ulrichsgemeinde. Die Heirat

St. Ulrich (ev.) vor St. Ulrich (kath.)

großartige Spätwerke von Johann Heiss, die er selbst der Kirche vermacht hatte: „Die Geißelung" und „Die Dornenkrönung". Die Emporen sind mit 26 Szenen aus der Heilsgeschichte geschmückt. Sie wurden von Franz Friedrich Franck in rembrandtscher Farbigkeit gemalt.

Stuckdecke: Die eigenartig flach gewölbte Kirche zeigt eine der feinsten Stuckverzierungen evangelischer Kirchen. Die Dekoration ist beste Ornamentik der Regence-Zeit. Von dem Goldschmied Abraham Drentwett stammt der Entwurf für die Dekoration, ihre Ausführung von dem Augsburger Stuckateur Matthias Lotter, 1710.

Das ikonographische Programm der Decke: Am Eingang das Auge Gottes im Dreieck, blasende Winde symbolisieren das Wehen des Geistes. Im Mittelpunkt der Wölbung: der Name Jahwe in hebräischer Schrift. Längsachse: eine Allegorie auf das Alte Testament mit Gesetzestafeln, Aaronstab, Beschneidungsmesser, Opfertier, Totenkopf, Blitz und Donnerkeil, sakramentales Gerät als Sinnbild des Neuen Testamentes.

Querachse: nach Osten Christus als Lamm mit dem Kreuz, nach Westen die Taube des Heiligen Geistes. In den vier Kartuschen werden die vier christlichen Kardinaltugenden dargestellt: Glaube (Öllampe), Liebe (Taubenpaar), Geduld (Leidenswerkzeuge), Hoffnung (Anker). Der Anker des Hoffens ist gleichzeitig als Waage ausgebildet, auf der die Himmelssphäre schwerer wiegt als der Erdglobus.

ihres Pfarrers, der Bau eines eigenen Pfarrhauses 1529, ein evangelischer Festgottesdienst anlässlich des Reichstages von 1530 sowie der Bildersturm von 1537 führten zu einer allmählichen Ablösung vom Benediktinerkloster. Im Dreißigjährigen Krieg wurde die Kirche von 1635 bis 1648 geschlossen, nach dem Westfälischen Frieden aber den evangelischen Christen zurückgegeben.

Schon vor dem Dreißigjährigen Krieg wurde der schlichte Saal von 38 m Länge und 17 m Breite in eine evangelische, gleichermaßen auf Altar und Kanzel ausgerichtete Kirche umgestaltet. 1693 schuf Daniel Scheppach den **Altar**. Das Altarblatt von Johann Heiss zeigt das „Letzte Abendmahl". Der Künstler des Predellabildes (1730) mit der „Taufe Christi" ist unbekannt. Vor das Predellabild wird an hohen Festtagen ein kostbares Silberrelief des Augsburger Goldschmieds Abraham Drentwett gestellt, das ebenfalls die „Taufe Christi" (1695) zeigt.

Unter der „Himmelfahrt" von E. Ph. Thoman an der Kanzelwand hängen zwei

Geöffnet: Mai bis Sept. Mo–Do 10:30–16:30 Uhr, Fr–Sa 10:30–12:30, So 12:30–17:30 Uhr. www.evangelisch-stulrich.de

St. Anna-Kirche (ev.) 👁 8

Annastraße

Zu den Augsburger Bettelorden zählten u. a. die Brüder des Ordens der hl. Maria vom Berge Karmel, auch Liebfrauenbrüder genannt. 1275 wurde dem Prior und den Brüdern erlaubt, das bisherige Saccitenhaus zu erwerben, eine Kirche mit Begräbnis zu unterhalten, zu predigen und Beichte zu hören. 1321 wurden Kirche und Kloster von St. Anna an der heutigen Stelle unter Bischof Friedrich von Faimingen erbaut. Nach einem großen Brand erfolgte 1460 der Wiederaufbau des Klosters.

1420 wurde die Goldschmiedekapelle nördlich-parallel zum Ostchor angebaut, 1506 bis 1510 entstand im Westen der Kirche die Heiliggrabkapelle und 1508 bis 1518 als Westchor die Fuggerkapelle. 1747/48 erfolgte die barocke Ausgestaltung des Mittelschiffes und der Seitenschiffe. Die Kirche wurde im Februar 1944 schwer beschädigt. Die Renovierungsarbeiten waren erst 1974 abgeschlossen.

Der heutige Turm der Kirche, der ohne Fundament auf den Kirchenmauern sitzt, stammt vom Augsburger Stadtbaumeister Elias Holl, 1602.

Im St. Anna-Kloster wohnte Martin Luther vom 7. bis 20. Oktober 1518.

Da es in Augsburg kein Kloster der Augustiner-Eremiten gab, wohnte Luther bei den Karmelitermönchen. Vermut-

lich hatte ihn der aus der gemeinsamen Studienzeit in Erfurt bekannte Prior Johannes Frosch eingeladen. Nach Eröffnung des Ketzerprozesses im Sommer 1518 wurde Luther zunächst nach Rom vorgeladen, durfte aber dann durch Intervention seines Landesherrn nach Augsburg kommen. Er sollte von dem zum Reichstag geladenen Legaten des Papstes Leo X., Kardinal Cajetan (1469–1534), verhört werden. Die Begegnungen Luthers mit dem Kardinal fanden im Haus Jakob Fuggers des Reichen statt, und zwar am 12., 13. und 14. Oktober 1518. Während seines Augsburger Aufenthaltes war Luther auch Gast bei dem Augsburger Stadtschreiber Dr. Konrad Peutinger. Da die Unterredungen mit Cajetan zu keinem Ergebnis führten und Luther die Verhaftung drohte, verließ er Augsburg in der Nacht vom 20. auf den 21. Oktober.

In die Kirche gelangt man durch den im Kern noch gotischen **Kreuzgang** des ehemaligen Klosters, der Gedenksteine und Grabplatten des ausgehenden Mittelalters bis zum Klassizismus beherbergt. Im Südflügel fand man Reste einer spätgotischen Wandbemalung.

Im Zuge von Restaurierungsarbeiten am Kreuzgang 1961 bis 1967 wurden die besser erhaltenen Grabplatten in die Wände versetzt, die anderen an ihrem ursprünglichen Platz am Boden belassen. Etwa in der Mitte der Ostwand (Ostflügel) befindet sich eine

Panorama der St. Anna-Kirche; links die Fuggerkapelle; rechts der Altar mit Lutherbild

der ältesten Grabplatten mit gotischen Ornamenten und gotischer Schrift (construxit chorum et alia multa = er erbaute den Chor und vieles andere), der Grabstein für Prior Arnoldus Andree von 1397. Deutlich zu erkennen ist das Skapulier, ein Schultertuch, das von den Karmeliten getragen und durch sie verbreitet wurde. In kleiner Ausfertigung konnte es von jedermann gekauft und zum Schutz unter der Kleidung getragen werden. Es sollte seinen Träger vor allem in der Todesstunde vor dem Fegefeuer bewahren. Die Beliebtheit des Skapuliers erhöhte die Volkstümlichkeit der Karmeliten außerordentlich.

Als Renaissancemonument gilt die Grabplatte des Gabriel Dreyer (†1523), dessen Familienwappen drei Gesichter zeigt. Aus der gleichen Zeit stammt das Grabmal des ehemaligen Karmelitermönchs Georg Sturm (†1556). Die Haupttafel zeigt ein „Wappen des Todes" – nach einem Holzschnitt von Hans Holbein geschaffen – mit der Inschrift „Facite poenitentiam" (= Tut Buße!), einen nur zur Hälfte belaubten Baum, an dessen dürre Seite eine Axt gelegt ist und dessen Wurzeln eine schwarze und eine weiße Maus benagen; daneben die Worte „Dies" (= Tag) und „Nox" (= Nacht).

Barock und Rokoko sind u. a. vertreten mit dem länglichen Monument des

Balthasar von Schnurbein (†1711) an der Westwand und dem Epitaph des Peter Neuß (1731) an der Ostwand gleich beim Eingang. Neben dem ältesten Grabmal des Priors Andree ist auch das jüngste der Kirche zu sehen, das des lutherischen russischen Gesandten am Münchner Hof, Christoph de Petersen (†1789), ein feines klassizistisches Relief von Ignaz Ingerl.

Ebenso von hohem kunst- und religionsgeschichtlichem Wert sind die Gemälde in den spitzbogigen Giebelfeldern des Ostflügels, von denen die meisten Abraham de Hel zuzuschreiben sind.

Der Kreuzgang öffnet sich zu einem kleinen Klosterinnenhof, der heute als **„Lutherhöfle"** bezeichnet wird.

Die öfter aufgeworfene Frage, wo Luther 1518 im Kloster gewohnt hat, lässt sich nicht mehr sicher beantworten. Da er ein Gast des Priors Frosch war, kommt möglicherweise das Priorat in Frage, das am nördlichen Ende des Querbaues an der Ostseite des Klostergartens lag.

Über den Flügeln des Kreuzganges lagen die Zellen der Karmelitermönche.

Das „Lutherhöfle" war bis 1806 ein Gottesäckerlein, in dem 921 Tote ihre letzte Ruhestätte haben; im Kreuzgang fanden 1223 Grablegungen statt, und für die Gesamtkirche St. Anna wurden 2908 Grablegungen ermittelt.

Im Ostflügel des Kreuzgangs ist der

Die Lutherstiege in St. Anna

Zugang zu der 1983 eingerichteten „Lutherstiege" – einer Ausstellung und Dokumentation, die im 500. Geburtsjahr Martin Luthers ins Leben gerufen wurde. Über die „Lutherstiege" gelangt man in das Karmelitenzimmer, in dem u. a. Dokumente zur Geschichte des Klosters gezeigt werden. Im Cajetan-Flur sind die Stationen der Begegnung Luthers mit Kardinal Cajetan und sein Aufenthalt in Augsburg dokumentiert.

Das Confessio-Zimmer zeigt Stiche und Dokumente zur **Confessio Augustana**, dem Augsburger Bekenntnis von 1530. Frühe Lutherschriften und Dokumente zur Einführung der Reformation – speziell auf Augsburg bezogen – sind in den Vitrinen auf der Empore zu sehen. Themen des Friedenszimmers: das Augsburger Interim 1548, der Augsburger Religionsfriede 1555, der Westfälische Friede 1648 und das **Augsburger Hohe Friedensfest**.

Inneres der Kirche: Der **Altar im Ostchor** der Kirche aus der Werkstatt des Kunstschreiners Wilhelm Vogt, Memmingen, wurde 1898 aufgestellt.

In der Predella des Altars sieht man das von Lukas Cranach d. Ä. um 1531 geschaffene Werk „Christus segnet die Kinder"; links vom Altar an der Wand die Porträts von Martin Luther, datiert 1529, und von Kurfürst Johann Friedrich von Sachsen, beide aus der Werkstatt von Lukas Cranach d. Ä.; rechts Maria mit Kind, Schule Lucas Cranachs.

Der Kronleuchter ist eine Augsburger Arbeit von 1682.

Von den wertvollen Gemälden im Ostchor seien noch erwähnt: an der südlichen Hochwand „Die klugen und die törichten Jungfrauen" von Christoph Amberger, 1560, „Christus in der Vorhölle" (= Epitaph der Familie Meuting) und „Auferstehung Christi" von Jörg Breu d. Ä.; an der nördlichen Hochwand „Anbetung des Jesuskindes" von Abraham v. Diepenbeck.

Unter dem Senior Samuel Urlsperger erfolgte 1747/48 die Barockisierung der Kirche, deren Mittelschiff vor der Umgestaltung eine flache Holzkassettendecke besaß. Die Stuckdekoration schufen die Wessobrunner Künstler Gebrüder Feichtmayr, die Deckenfresken sind ein Werk des katholischen Augsburger Akademiedirektors Johann Georg Bergmüller: Kreuzigung (Jesus – Priester),

St. Anna: Abendlicher Blick auf die Orgel in der Fuggerkapelle

Jüngstes Gericht (Jesus – König) und Bergpredigt (Jesus – Prophet).

Die reich geschnitzte Kanzel stammt von Heinrich Eichler, Lippstadt, 1683. Der **Kanzelengel** mit Palmzweig, Posaune und Buch mit 7 Siegeln stammt von dem Ulmer Bildhauer Johann Ulrich Hurdter. Er ist Gerichts-, Friedens- und Jubelengel und war das Motiv für die Sonderbriefmarke zum 450. Jubiläum des Augsburger Religionsfriedens.

In der Brüstung der Südempore befindet sich ein auf Leinwand gemalter Bilderzyklus der Passions- und Ostergeschichte von Johann Spillenberger und Isaak Fisches d. Ä., 1686. Unter der Empore hängt das Porträt des Schwedenkönigs Gustav II. Adolf, der 1632 nach der kampflosen Einnahme der Stadt Augsburg in der St. Anna-Kirche an einem Gottesdienst teilnahm.

Fuggerkapelle: Jakob Fugger und seine Brüder Ulrich und Georg wählten die St. Anna-Kirche zur Errichtung ihrer Grablege. Der Bau der Kapelle und der gottesdienstlichen Stiftungen wurden von Papst Julius II. in einer 1509 in Rom erlassenen Bulle bestätigt. Die Fugger in den anderen Augsburger Kirchen waren in Reihenkapellen bestattet, während bei St. Anna eine den ganzen Westchor einnehmende Querhauskapelle entstand, zu der als Parallelen der Renaissance z. B. die Familien- und Grabkapellen bei Santa Croce in Florenz (1430) und die der Medici in S. Lorenzo (1520) genannt werden können. Die Besonderheit der Fuggerkapelle bei St. Anna besteht jedoch darin, dass sie den Westchor der Kirche bildet. „Die Fuggerkapelle ist das früheste und vollkommenste Denkmal der Renaissance auf deutschem Boden. Die Namen der entwerfenden und ausführenden Künstler sind nicht überliefert, doch scheint Albrecht Dürer schon um 1506 maßgeblich in die Planung eingeschaltet gewesen zu sein. Aus stilistischen Gründen kann die Mitarbeit von Adolf und Hans Daucher, Hans Burgkmair, Jörg Breu d. Ä. und Hans Hieber angenommen werden" (Prof. Dr. Bruno Bushart).

An der westlichen Rückwand der Kapelle sind die vier Epitaphien zum Gedächtnis von Jakob, Ulrich und Georg Fugger angebracht. Die beiden mittleren für Ulrich und Georg entstanden nach Zeichnungen von Albrecht Dürer, 1510.

St. Anna: Goldschmiedekapelle

Die beiden äußeren zum Gedächtnis an Jakob Fugger sind nach Entwürfen von Hans Burgkmair gearbeitet.

Die wertvollen gemalten Flügelbilder der großen Schrankflügelorgel von Jörg Breu d. Ä. sind im Original zu sehen. Der südliche Seitenflügel zeigt die Himmelfahrt Christi. Auf diesem Bild ist die zweite Gestalt von links, ein Männerkopf mit mattgoldener Haube, wohl eine Darstellung Jakob Fuggers des Reichen. Der links neben ihm stehende Mann im gemusterten Mantel gilt als Raymund Fugger. Der nördliche Seitenflügel der Orgel zeigt die Himmelfahrt Mariens. Am linken Bildrand dürfte sich der Künstler selbst verewigt haben: Jörg Breu, der junge Mann mit roter Mütze und lauerndem Blick. Interessant ist, dass im Flügelbild „Himmelfahrt Mariens" der untere Rahmenrand zweimal vom Fuß zweier Vorderfiguren überschnitten wird – ein Barockmotiv!

Die farbig gefassten Sterngewölberippen schließen mit dem Schlussstein „Maria mit dem Kinde" (Maria als Himmelskönigin über dem Halbmond thronend) ab. Um den Schlussstein die Fuggerschen Wappenlilien in den Farben Gold und Blau auf wechselndem Grund, die in den Fenstern und in dem kostbaren marmornen Fußboden wiederkehren. Den Abschluss gegen die Kirche bildet eine rekonstruierte Brüstung aus toskanischen Säulen. Auf der Brüstung sitzen fünf vollplastisch gearbeitete Putten, an Kugeln gelehnt. Sie werden Hans Daucher um 1530 zugeschrieben.

Als ein Werk von europäischem Rang gilt die freistehende **Marmoraltargruppe** „Der Leichnam Christi, dargeboten zur Beweinung". Ein mit Lorbeer bekränzter Engel hält den Leib des vom Kreuz abgenommenen Christus, Maria und Johannes halten die von den Wundmalen gezeichneten Hände des Gekreuzigten. Diese Skulptur, eine der edelsten der deutschen Renaissance, wird Hans Daucher zugeschrieben (um 1512–1517). Von ihm stammen auch die meisterlichen Predellenreliefs „Kreuztragung", „Kreuzabnahme" und „Christus in der Vorhölle".

Vor dem Chor liegt eine Marmorgrabplatte im Boden als Zugangs zur Gruft. Als erster fand Jakob Fugger der Reiche hier seine Ruhestätte. Die beiden Brüder waren bereits vor Fertigstellung der Gruft verschieden und wurden dann wohl auf Jakob Fuggers Wunsch nach St. Anna überführt.

Das **klappbare Kirchengestühl** wurde so gestaltet, dass die vordere Hälfte der Bankreihen alternativ zum Altar und zur Kanzel hin benutzt werden kann.

Südlich vom Fuggerchor finden wir die von Jörg Regel d. Ä. und Barbara Lauginger gestiftete, 1510 fertig gestellte **Heiliggrab-Kapelle**, mit einer Nachbildung der Grabeskirche zu Jerusalem.

Goldschmiedekapelle: Nördlich parallel zum Ostchor befindet sich die von den Eheleuten Chunrat und Afra Hyrn aus Dankbarkeit für eine überstandene Pestzeit 1420 gestiftete Kapelle, die nach dem Tod des Stiftereehepaares in den Besitz der Augsburger Goldschmiede überging. Von hohem kunstgeschichtlichem Wert ist die Freskenbemalung, der der Gedanke der Pilgerschaft zugrunde liegt. Das Hochgrab des Stifterehepaars befindet sich heute im nördlichen Querhaus des Westchores im Dom.

Die drei originalen Fenster des Chorschlusses zeigen sechs stehende nimbierte Heilige, die in gotischer Minuskelschrift namentlich bezeichnet sind:

HIER IM KARMELITERKLOSTER BEI ST. ANNA WOHNTE DR. MARTIN LUTHER VOM 7. BIS 20. OKT. 1518 WÄHREND SEINER VERHANDLUNGEN MIT DEM PÄPSTLICHEN LEGATEN CAJETAN.

ANSEHEN!

St. Oswald, St. Jakobus Major, Joseph der Träumer, St. Nikolaus, St. Thomas und St. Martin. An der Südwand u. a. der „Zug der Heiligen Drei Könige" und die „Leidensgeschichte Christi", an der Nordwand eine Darstellung des Lebens der hl. Helena. Im Chor und im zweiten Joch an der Südwand ist ein dreistalliges bzw. sechsstalliges Chorgestühl in besonders illusionistischer Weise aufgemalt (um 1420).

An der Südfassade der Kirche im Annahof befindet sich neben der Erinnerungstafel an **Martin Luther** auch eine Tafel für **Adam Gumpelzhaimer** (1559–1625). Gumpelzhaimer hatte eine umfassende musikalische Ausbildung bei den Benediktinern von St. Ulrich und Afra erhalten und wurde 22-jährig Präzeptor und Kantor am Gymnasium bei St. Anna. Sein „Compendium musicae" war das erfolgreichste Lehrbuch seiner Zeit. Er war nicht nur Musiktheoretiker, sondern auch Komponist.

Seit dem Jahr 2000 erinnert eine Gedenktafel an die feierliche Unterzeichnung der „Gemeinsamen Erklärung zur Rechtfertigungslehre" zwischen der römisch-katholischen Kirche und dem lutherischen Weltbund.

„Lutherstiege" geöffnet: Di– So 10–12 und 15–17 Uhr. Kirche St. Anna: Di–Sa 10–12.30, 15–18 Uhr, Sonntag 10–12.30, 15–17 Uhr. www.st-anna-Augsburg.de

Augsburger Puppenkiste 👁9

Spitalgasse 15

In den Mittelteil der Erdgeschosshalle des Heilig-Geist-Spitals zog 1948 das **Marionettentheater „Augsburger Puppenkiste"** von Rose und Walter Oehmichen ein.

Die „Augsburger Puppenkiste" ist nicht nur im ganzen deutschsprachigen Raum, sondern auch im Ausland durch Fernsehaufzeichnungen bekannt geworden.

Nach einem Umbau entstand im gleichen Haus im Oktober 2001 ein **Museum „Die Kiste"**, das die von allen Kindern geliebten „Stars an Fäden" wie Jim Knopf und Lukas der Lokomotivführer, das Urmel und Kater Mikesch, Bill Bo und seine Bande, Räuber Hotzenplotz oder Monty Spinneratz und andere „Kollegen" in ihrer „natürlichen Umgebung" zeigt und die Geschichte dieses weltberühmt gewordenen Hauses verdeutlicht.

„Die Kiste", das Augsburger Puppentheatermuseum, befindet sich genau eine Etage über der Augsburger Puppenkiste im denkmalgeschützten Heilig-Geist-Spital.

Öffnungszeiten Die Kiste: Di–So 10–19 Uhr

Kassenöffnung: Di–So 10–18 Uhr (auch für Buchung Führungen), Tel.: 450345-0
www.Augsburger-puppenkiste.de

Theater Kartenbestellung tel. 450345-40 zu den gleichen Kassenöffnungszeiten wie Museum und direkt vor Abendvorstellung

LUTHER IN AUGSBURG

Luther war zweimal in Augsburg. Sein erster Besuch 1511 war nur ein Zwischenstopp auf der Rückreise von Rom. Dramatisch verlief sein Besuch 1518 mit dem Verhör durch Kardinal Cajetan.

KIRCHE ST. ANNA MIT LUTHERSTIEGE

Annastraße

Im St. Anna-Kloster wohnte Martin Luther vom 7. bis 20. Oktober 1518. Er war mit dem Prior Johannes Frosch befreundet.

Im Ostflügel des Kreuzgangs ist der Zugang zu der 1983 eingerichteten „Lutherstiege" – einer Ausstellung und Dokumentation, die im 500. Geburtsjahr Martin Luthers ins Leben gerufen wurde.

Im Ostchor der Kirche ist in der Predella des Altars das von Lukas Cranach d. Ä. um 1531 geschaffene Werk „Christus segnet die Kinder" zu sehen; links vom Altar an der Wand die Porträts von Martin Luther, datiert 1529, und von Kurfürst Johann Friedrich von Sachsen, beide aus der Werkstatt von Lukas Cranach d. Ä.; rechts Maria mit Kind, Schule Lucas Cranachs.

FUGGERHÄUSER

Maximilianstraße 38, Gedenktafel

Neben dem Eingangstor erinnert eine Tafel an den Aufenthalt des päpstlichen Legaten Kardinal Cajetan in diesem Hause Jakob Fuggers. Hier fand das Verhör Martin Luthers wegen seiner 95 Thesen am 12.–14. Oktober 1518 statt. Somit ist Augsburg die Stadt, in der sich die Spaltung der Konfessionen vollzog. Kurfürst Friedrich der Weise hatte die Auslieferung des rebellischen Mönchs nach Rom abgelehnt. Luther selbst sprach vom schwersten Gang seines Lebens. Der drohenden Verhaftung entzog er sich durch die Flucht aus Augsburg.

PEUTINGERHAUS

Peutingerstraße 11, Gedenktafel

Martin Luther berichtete am 10. Okt. 1518 seinem Freund Spalatin aus Augsburg: „Ich habe bei Conrad Peutinger, dem Doktor, einem Bürger und Mann … zu Abend gegessen, welcher sich meine Angelegenheit ganz außerordentlich empfohlen sein lässt, wie auch andere Ratsherren."

Das dreigeschossige Eckhaus mit der im 18. Jahrhundert neugestalteten Fassade war 1515 von Konrad Peutinger erworben worden und blieb bis 1719 in Familienbesitz. Peutinger war von 1495 bis 1534 als „Stadtschreiber" (d. h. Chef der Stadtverwaltung) für die Reichsstadt Augsburg tätig. In den Reformationsstreitigkeiten bemühte er sich um einen mittleren Weg.

FRONHOF

Peutingerstraße

Der älteste Teil der Bischofspfalz ist der 1507 errichtete Burggrafenturm am südlichen Fronhof. In einem Stübchen „hoch oben auf der Pfalz" hat 1518 Albrecht Dürer den Kaiser Maximilian I. (1495–1519) gezeichnet.

An der Stelle des Festsaales befand sich im Vorgängerbau der Kapitelsaal der Augsburger Bischöfe. Hier wurde am 25. Juni 1530 die Confessio Augustana, das „Augsburgische Bekenntnis", vor Kaiser Karl V. und den Reichstagsmitgliedern durch den kursächsischen Kanzler Dr. Christian Baier verlesen. Luthers engster Mitarbeiter Philipp Melanchthon berichtete darüber dem auf der Veste Coburg weilenden Reformator. Nahe dem 30 m hohen „Pfalzturm" ist eine Erinnerungstafel angebracht.

GALLUSKIRCHLEIN

Gallusplatz 7

Nördlich der Kapelle wird auf die Stelle verwiesen, wo Martin Luther 1518 die Stadt bei Nacht verlassen haben soll – „Dahinab" genannt.

MOZARTSTADT AUGSBURG

Augsburg ist die einzige deutsche Mozartstadt. Zahlreiche Veranstaltungen über das ganze Jahr ermöglichen immer wieder frische musikalische Begegnungen mit Mozarts Musik auf hohem Niveau. Darüber hinaus gibt es vielfältige Angebote von Vorträgen und anderen Veranstaltungen. Auch die Mozart-Führungen mit kostümiertem „Bäsle" erfreuen sich großer Beliebtheit.

Aus dem bayerischen Schwaben stammten die ersten bekannten Vorfahren Mozarts, erstmals erwähnt 1331 im Urkundenbuch des Klosters Oberschönenfeld. Seit dem 15. Jahrhundert tauchten im Landkreis Augsburg in mehr als 30 Dörfern 600 Träger dieses Familiennamens (teils in unterschiedlicher Schreibweise wie Mutzerhardt, Motzhart oder Motzert) auf.

Der Ur-Urgroßvater des Komponisten, der Maurergeselle David Mozart, erwarb das Bürgerrecht in der Reichsstadt. David war ein gefragter Maurermeister und Architekt, der 1671 Zunftmeister des Augsburger Maurerhandwerks wurde. Weitere Generationen stellten Baumeister, Buchbinder und Bildhauer in Wien und Straubing.

Hans Georg Mozart, Leopolds Großonkel, wurde Werkmeister am Augsburger Domkapitel. Er errichtete ein Gebäude im Augustiner-Chorherrenstift St. Georg und ein Bürgermeisterhaus in der Maximilianstraße.

Wolfgangs Urgroßvater Franz, dritter Sohn von David Mozart und Bruder des erfolgreichen Domkapitel-Baumeisters Hans Georg, zog 1681 in die Fuggerei. Sein Sohn Johann Georg wurde Buchbindermeister, und er konnte die ältesten Söhne im Jesuitengymnasium St. Salvator studieren lassen, während er selbst seit 1722 im Hause der Jesuiten wohnte. Sein Sohn Leopold, der Vater Wolfgangs, erblickte am 14. November 1719 in der Frauentorstraße das Licht der Welt. Er wurde in der Georgskirche, alle anderen acht Geschwister im nahen Dom getauft. Leopold Mozart ist ein ungewöhnlich gebildeter und vielseitiger Mann, der früh das Genie seines Sohnes erkennt und dessen Ausbildung und Laufbahnförderung zu seinem wichtigsten Lebensziel macht.

MOZARTHAUS

Frauentorstr. 30; siehe auch Museen

Das Mozarthaus zeigt mit seiner Ausstellung die Geschichte der Familie. Hier wurde Leopold Mozart, der Vater von Wolfgang Amadé, 1719 geboren. Leopold war Komponist und Vizekapellmeister, seine 1756 veröffentlichte

„Violinschule" machte ihn europaweit als Musikpädagogen bekannt. Früh erkannte er die Begabung seines Sohns und bildete ihn zum Komponisten aus. Das Mozarthaus besitzt mehrere Sammlungen. Die modern gestaltete Ausstellung zeigt Stiche, Bücher, handschriftliche Briefe, Noten und Musikinstrumente. Ein Audioguide (Deutsch, Englisch, Japanisch) führt Besucher ins 18. Jahrhundert und durch das Leben und die Musik der Mozarts.

WOHNHAUS DES „BÄSLE" MARIANNE THEKLA MOZART

Jesuitengasse 26, Gedenktafel

Die Cousine von Wolfgang Amadé, Marianne Thekla Mozart (1758–1841), wird von der ganzen Welt liebevoll „Bäsle" genannt. Um ihre Begegnung mit Wolfgang Amadé 1777 ranken sich zahlreiche Anekdoten, und die pikant-deftigen „Bäslebriefe" schlossen sich an. Ihr Vater Franz Aloys, Bruder von Leopold Mozart, verrichtete neben seiner Tätigkeit als Buchbinder noch Hausmeister- und Pförtnerdienste im Seminar St. Joseph, das dem Jesuitengymnasium St. Salvator angeschlossen war. Daher wohnte die Familie in der Jesuitengasse 26 (heute „Hofgarten-Carrée").

EHEM. HOTEL „WEISSES LAMM"

Ludwigstr. 36, Gedenktafel

Das Haus trägt eine Gedenktafel zur Erinnerung an den Aufenthalt von Wolfgang Amadé zusammen mit seiner Mutter im Oktober 1777. Auf Wunsch des Vaters waren die beiden „beym Lamb in der heil: Kreutzergasse" abgestiegen. Der Gasthof lag nahe bei der

WOHNHAUS VON HANS GEORG MOZART

Äußeres Pfaffengässchen 24, Gedenktafel

Hier wohnte der Barockbaumeister Hans Georg Mozart von 1681 bis zu seinem Tod 1719. Er war Urgroßonkel von Wolfgang Amadé Mozart. Eine große metallene Silhouette auf dem Dach erleichtert das Finden.

Heilig-Kreuz-Kirche und bei der Jesuitengasse, wo sein Onkel und das „Bäsle" wohnten.

WOHNHAUS VON FRANZ MOZART

Fuggerei, Mittlere Gasse 14; Gedenktafel; siehe auch Fuggerei

1681, im Jahr seiner Maurermeisterprüfung, zog Franz Mozart, Urgroßvater von Wolfgang Amadé, mit seiner Familie in das Haus Nr. 14 in der Mittleren Gasse der Fuggerei. Heute erinnert eine Gedenktafel an ihn: Franz Mozart „schenkte mit seinem Urenkel W. A. Mozart der Menschheit den größten Tonschöpfer aus schwäbischem Stamm".

WOHNHAUS UND WERKSTATT VON JOHANN ANDREAS STEIN

Ulrichsplatz 10, Gedenktafel

Der bedeutende Klavier- und Orgelbaumeister Johann Andreas Stein (1728-1792) ist Erfinder des Hammerklaviers oder der deutschen Mechanik. Seine Tochter Nannette wurde ebenfalls Klavierbauerin in Wien. Sie galt als Wunderkind, W. A. Mozart fand ihr Spiel allerdings „verschmutzt". Am 12. Oktober 1777 besuchte Mozart Stein. Zunächst verstellte er sich und antwortete auf Steins Frage, ob er Mozart sei, mit

einem rätselhaft klingenden: „O nein, ich nenne mich trazoM." So versuchte Mozart sich unter einem halben Pseudonym einzuschmuggeln. Er übergab Stein einen Brief des Vaters und drängte ungestüm zum Klaviersalon mit drei neuen Hammerflügeln. Während die ersten Töne bereits erklangen, öffnete Stein den Brief. Wolfgang schildert seinem Vater, der ihm die Maskerade aus taktischen Gründen geraten hatte, die Reaktion: „O schrie er, und umarmte mich, er verkreuzigte sich, machte gesichter, und war halt sehr zufrieden." An diesem Sonntagnachmittag spielte Mozart offenbar zum ersten Mal auf einem modernen Hammerklavier.

Stein hatte auch die Orgel in der Barfüßerkirche gebaut (die Orgel ist nicht erhalten), auf der Mozart begeistert spielte.

Auf Bitten von Stein hielt Mozart am 16. Oktober 1777 ein Konzert in der Geschlechterstube, die sich dem Rathaus gegenüber im früheren Börsengebäude befand.

Und am 22. Oktober 1777 gab Mozart ein Konzert im gräflich Fuggerschen Konzertsaal am Zeugplatz (nicht erhalten). Ein Gemälde (von ca. 1760), das Stein beim Orgelstimmen zeigt, hängt im Mozarthaus (*Foto links*).

EXTRA

BRECHTSTADT AUGSBURG

Neben Berlin ist heute Augsburg ein wichtiges Zentrum der Brechtforschung. Zahlreiche Veranstaltungen zum Thema Brecht finden auch überregionales Interesse. Augsburgs Stolz auf seinen großen Dichter ist nicht zu übersehen.

BRECHTHAUS (GEBURTSHAUS)

Auf dem Rain 7, siehe auch Museen

Im zweiten Stock dieses Hauses wurde Eugen Berthold Friedrich Brecht am 10. Februar 1898 geboren. Im Erdgeschoss war eine Feilenhauerei. Sowohl vor als auch hinter dem Haus verläuft ein Lechkanal. 1985 wurde das Haus zum Museum, 1998 wurde die Ausstellung wesentlich erweitert.

BARFÜSSERKIRCHE

Barfüßerstraße; im Kreuzgang Ausstellungstafeln zu Brecht; zur Kirche siehe auch K5

In der Barfüßerkirche wurde Brecht am 20. März 1898 getauft und am 29. März 1912 von Pfarrer Hans Detzer konfirmiert. Ein Gemälde an der Südwand zeigt das „Urteil des Salomo" – das Thema der Suche nach der richtigen Mutter behandelte Brecht in seinem Theaterstück „Der kaukasische Kreidekreis" und in der Erzählung „Der Augsburger Kreidekreis".

EXTRA

BEI DEN SIEBEN KINDELN 1

Gedenktafel

In diesem Haus wohnte die Familie Brecht von September 1898 bis September 1900; hier wurde der jüngere Bruder Walter Brecht geboren. Wie das Geburtshaus liegt auch dieses Haus an einem Kanal.

BLEICHSTRASSE/BERT-BRECHT-STRASSE

Gedenktafel, siehe auch Rundgang 3

Hierher zog die Familie Brecht im September 1900 (die Frühlingstraße wurde 1966 in Bert-Brecht-Straße umbenannt). Bert Brecht bewohnte bald die Mansarde, die zu einem beliebten Treffpunkt seines Freundeskreises wurde, so im Herbst 1917 sein Freund Hanns Otto Münsterer und Bi (Paula) Banholzer. Sie war Tochter eines Arztes, wohnte Auf dem Kreuz und ging ins Maria-Theresia-Gymnasium. Am 30. Juli 1919 wurde sie Mutter von Brechts erstem Kind, Frank.

PEUTINGER-GYMNASIUM

An der Blauen Kappe 10

Das Peutinger-Gymnasium, damals Königlich Bayerisches Real-Gymnasium, war Brechts Schule von September 1908 bis zum Kriegsnotabitur im März 1917. Das Gebäude wurde im Zweiten Weltkrieg zerstört; im Neubau erinnert heute ein Schrank mit Brecht-Publikationen (Nachlass von Erich Maiberger) an seinen berühmtesten Schüler. Sehr bekannt ist Brechts Notiz: „Während meines 9-jährigen Eingewecktseins an einem Augsburger Realgymnasium gelang es mir nicht, meine Lehrer wesentlich zu fördern." 1911 wird Caspar Neher, der spätere Bühnenbildner, sein Klassenkamerad; die beiden verbindet eine lebenslange Freundschaft. Ein Pater bewahrt Brecht vor dem Rausschmiss, als er 1916 in einem Aufsatz über ein Horaz-Zitat, *Dulce et decorum est pro patria mori*, Krieg als „Zweckpropaganda" bezeichnet, auf die nur „Hohlköpfe" hereinfallen.

KAHNFAHRT

Am Oblatterwall, siehe Natur N4

Die Augsburger Kahnfahrt ist ein Familienbetrieb seit 1876. Das beliebte Ausflugsziel (damals noch ohne Gastronomie) lag fast vor Brechts Haustür, und er hielt sich oft dort auf. Brechts Jugendliebe Marie Rose Aman erinnert sich: „In der Nähe der Kahnfahrt, am Stadtgraben, erhielt ich damals von Eugen ganz plötzlich meinen ersten Kuss. Ich war darüber derart erschrocken und verstört, dass ich Brecht zurückstieß."

STAATS- UND STADTBIBLIOTHEK

Schaezlerstraße 25; siehe auch Rundgang 1

Die Augsburger Staats- und Stadtbibliothek mit ihrer Brecht-Forschungsstätte umfasst eine der weltweit größten Sammlungen zu Brechts Werk. Dazu gehört auch ein von Brecht 1928 ausgefüllter Leihschein der Bibliothek (Foto; ausgestellt im Brechthaus).

GOLDENER SAAL

Rathausplatz

Der Goldene Saal des Augsburger Rathauses ist einer der Schauplätze von Brechts Erzählung „Der Augsburger Kreidekreis" (1940).

EXTRA

THEATER AUGSBURG

Kennedyplatz, siehe Rundgang 1

Im Theater Augsburg machte Brecht seine ersten Theatererfahrungen, er besuchte sehr viele Vorstellungen. Hier lernte er auch seine erste Frau, die Sängerin Marianne Zoff, kennen. Über das Theater schrieb er teils sehr spitzzüngige Theaterkritiken, in denen bereits Vorformen seines späteren Theaterkonzepts erkennbar werden. In einer leeren Nische an der Theaterfassade ließ er sich einmal als neuer Schiller fotografieren.

BRECHT-SHOP

Buchhandlung am Obstmarkt

Der Brecht-Shop in der Buchhandlung am Obstmarkt ist der beste Anlaufpunkt für Literatur von und über Bertolt Brecht. Hier ist auch das „Dreigroschenheft" erhältlich, eine vierteljährliche Publikation zu Brecht, seit 2010 im Wißner-Verlag.

EHEM. GABLERS TAVERNE

Am Vorderen Lech 4

Gablers Taverne stand am Vorderen Lech 4, „Treutweins Gastwirtschaft" stand an der Fassade, die Wirtschaft wurde geführt von Wirtsehepaar Christian und Katharina Gabler seit 1899 und von Brecht und seiner Clique frequentiert ca. 1917–20, es gab auch Kostümfeste. Xaver Schaller, der mit Brechts jüngerem Bruder Walter die Oberrealschule besuchte, erinnert sich: „Unser Aufenthalt bei Gablers war ein kleines Nebenzimmer. Die Wirtsleute, das Ehepaar Gabler, zählten schon fünfundsechzig oder siebzig Jahre. Sie bemutterten uns richtig, weil sie Spaß an uns Jungen hatten. Auch wenn sie uns zuweilen Butter- und Rettichbrote zum Bier spendierten, so kostete die Halbe am Schluss keinen Pfennig mehr."
Das Haus wird derzeit nicht bewirtschaftet.

PLÄRRER UND JAKOBER-KIRCHWEIH

Brecht war regelmäßiger Gast auf den Augsburger Volksfesten, die stark in sein literarisches Werk hineinspielen, etwa das „Plärrerlied" von 1917: „Der Frühling sprang durch den Reifen/ Des Himmels auf grünem Plan/ Da kam mit Orgeln und Pfeifen/ Der Plärrer bunt heran." Auch die anderen Volksfeste besuchte Brecht, so die Jakober-Kirchweih. Sein Freund Max Knoblach erinnert sich: „Die Jakobermusik drang in den warmen Augustnächten bis in das Mansardenzimmer Brechts."

Friedensengel in der Annakirche

FRIEDENSSTADT AUGSBURG

Das Hohe Friedensfest am 8. August ist ein besonderer Augsburger Feiertag zur Erinnerung an die Augsburger Parität und die seit dem Augsburger Religionsfrieden bestehende Tradition friedlicher Konfliktbewältigung. Mit Veranstaltungen im Rahmen des Augsburger Hohen Friedensfests soll der Gedanke des friedensstiftenden Wirkens und der Dialog zwischen den Kulturen, Ethnien und Religionen neue Impulse erfahren.

AUGSBURGER RELIGIONSFRIEDEN

In Augsburg hatte sich die Spaltung der christlichen Konfessionen vollzogen: 1518 wurde Martin Luther hier vom Kardinallegaten Cajetan verhört. Um der Verhaftung zu entgehen, musste er die Stadt heimlich verlassen.

Mit dem Augsburger Bekenntnis (Confessio Augustana) wurden in Augsburg 1530 die bis heute verbindlichen Grundsätze der evangelischen Lehre formuliert.

Am 25. September 1555 wurde mit dem Augsburger Religionsfrieden (Pax Augustana) eines der wichtigsten Gundgesetze des Alten Reichs verab-

Augsburger Friedensgemälde 1704 (nach Zerstörungen im Spanischen Erbfolgekrieg)

Interreligiöse Veranstaltung im Annahof anlässlich des Augsburger Friedensfests

schiedet. Damit wurde das evangelisch-lutherische Bekenntnis zugelassen und erstmals die Koexistenz zweier unterschiedlicher Glaubensrichtungen im Heiligen Römischen Reich anerkannt.

Die damit eingeleitete Periode des Friedens und der Stabilität wurde im Dreißigjährigen Krieg heftig erschüttert. Am 8. August 1629 wurden die evangelischen Kirchen geschlossen. Im Westfälischen Frieden 1648 wurde die Parität zwischen Katholiken und Protestanten auch für Augsburg festgelegt.

Zur Erinnerung an die endlich errungene Gleichstellung stifteten die Augsburger Protestanten 1650 das Augsburger Hohe Friedensfest. Seit 1950 ist es im Stadtkreis Augsburg gesetzlicher Feiertag – weltweit der einzige staatlich geschützte städtische Feiertag.

AUGSBURGER FRIEDENSPREIS

Die Stadt Augsburg verleiht seit 1985 alle drei Jahre den Augsburger Friedenspreis an Persönlichkeiten, die sich um ein tolerantes und friedfertiges Miteinander verdient gemacht haben.

OB Hans Breuer mit den Friedenspreisträgern 2005: Michail Gorbatschow und Christian Führer

MUSEEN

Maximilianmuseum　　　　M1

Fuggerplatz 1 / Philippine-Welser-Straße 24

Der Viermetzhof im Maximilianmuseum

1855 wurde das Stammhaus der Städtischen Kunstsammlungen, das Maximilianmuseum, eingerichtet und nach dem bayerischen König Maximilian II. benannt. Es besteht aus zwei historischen Bürgerhäusern unterschiedlicher Entstehungszeit, dem älteren, kleineren Welserhaus (Annastraße) und dem großzügigen Hainhoferhaus (Philippine-Welser-Straße) und bildet einen Gebäudekomplex in Form einer Vierflügelanlage um einen Innenhof. Am ehemaligen Heumarkt befindet sich der Haupteingang.

An der herrlichen Ostfassade erkennt man in den Obergeschossen zwei reich ornamentierte Sandsteinerker, die die Reihe der oberen Ochsenaugenfenster unterbrechen. Am südlichen Erker ist eine von Putten flankierte Inschriftplatte mit einem lateinischen Vers aus Psalm 127 zu sehen: AEDIFICAT NOSTRAS DNS DEFENDIT AEDES / IN VANUM VIGILANS ERGO LABORAT HOMO (= Wo der Herr nicht das Haus bauet, so arbeiten umsonst, die daran bauen). Am nördlichen Erker befindet sich das Hoheitszeichen Kaiser Karls V., der doppelköpfige Adler, darüber Tondi mit Büsten antiker und deutscher Herrscher.

Das Hainhofer-Haus wurde 1543–1546 für den Kaufmann und kaiserlichen Rat Lienhard Böck von Böckenstein errichtet. Unter den häufig wechselnden Besitzern befand sich auch Philipp Hainhofer, der bedeutendste Augsburger Kunstagent, der namhafte Aufträge an das hiesige Kunsthandwerk vermittelte. 1696 wurde das Haus mit dem im 15. Jahrhundert der Familie Welser gehörenden Gebäude Annastraße 25 verbunden. Der Verleger Elias Christoph Heiss ließ vor 1706 mehrere Räume durch den Maler Melchior Steidl mit mythologischen Fresken ausschmücken. 1716 wurde in den Häusern das Evangelische Armenkinderhaus untergebracht.

1853 erwarb die Stadt das Haus. Die Fassadenbemalung erneuerte 1979 in Anlehnung an den Zustand des 16. Jahrhunderts Severin Walter.

Im Jahr 2000 fand die große Ausstellung „Augsburgs Glanz – Europas Ruhm" zu Ehren des berühmten Künstlers Adriaen de Vries (1556–1626) statt.

Die von diesem Künstler und von Hubert Gerhardt geschaffenen Hauptbronzen der Monumentalbrunnen auf der Maximilianstraße wurden zu diesem Zweck restauriert und in das Maximiliansmuseum verbracht; die Originale wurden durch Nachgüsse ersetzt. Zum Schutz der Bronzen wurde der Hof neu gestaltet und mit einem sich selbst tragenden Tonnengewölbe aus Glas überdacht (Fa. Seele, Gersthofen). Nicht nur für diese Glasüberdachung, sondern für den Gesamtumbau des 2006 wiedereröffneten Museums kamen hohe Zuwendungen des Bankiers und gebürtigen Augsburgers Kurt Viermetz und seiner Gattin. Der Festsaal des Museums trägt den Namen von Felicitas Viermetz.

Seit November 2006 ist das Museum völlig neu gestaltet, mit 26 Räumen in zwei Obergeschossen. Eine Vielzahl der Exponate vergegenwärtigt Augsburgs glanzvolle Geschichte als Reichsstadt. Wichtige Museumsbestände haben reichsstädtische Wurzeln: u. a. die europaweit einzigartige Modellkammer aus dem Rathaus.

Das 1. Obergeschoss enthält die Skulpturensammlung mit Werken Augsburger und süddeutscher Bildhauer vom Spätmittelalter bis um 1800. Glanzlichter sind die Kunstkammer, u. a. mit dem Marienrelief Hans Dauchers von 1520, und die Galerie mit barocken Kleinplastiken der Sammlung Röhrer. Es folgt die Abteilung wissenschaftlicher Instrumente mit Werken berühmter Augsburger Instrumentenmacher wie Christoph Schissler oder Georg Friedrich Brander. Die facettenreiche Abteilung zur Stadtgeschichte glänzt u. a. mit Elias Holls berühmten Entwurfsmodellen zum Rathausneubau und weiteren außergewöhnlichen Exponaten.

Im 2. Obergeschoss befindet sich das Glanzlicht des Maximilianmuseums: die Abteilung zur Augsburger Goldschmiedekunst. Hier wartet der Festsaal mit einer spektakulären Präsentation kostbarster Silberarbeiten auf. Den Abschluss bildet die Abteilung zum Augsburger Kunsthandwerk und zu den Zünften. Sie bietet in faszinierender Fülle kostbare Erzeugnisse u. a. der Augsburger Hausmaler, Zinngießer, Kistler und Uhrmacher.

Geöffnet: Mo–So 9–17:30 Uhr
www.Kunstsammlungen-Museen.Augsburg.de

Römisches Museum　　　　　M2

in der ehemaligen Dominikanerkirche
St. Magdalena, Dominikanergasse

Das Römische Museum befindet sich in der ehemaligen Dominikanerkirche St. Magdalena, einer spätgotischen Hallenkirche, die vermutlich nach Plänen Burkhard Engelbergs in der Zeit von 1513 bis 1515 errichtet wurde. Eine zweischiffige Hallenkirche mit geradem Abschluss und sieben Säulen in der Mitte scheint neben Augsburg nur noch in Toulouse (Eglise des Jacobins, die erste Dominikanerkirche) erbaut worden zu sein. An den sieben Säulen waren ursprünglich die Altäre angebracht, an der Ostwand befand sich nördlich der Frühmessaltar und südlich der Hauptaltar. In den 18 Seitenkapellen hatten führende Augsburger Familien wie die Fugger, Höchstetter, Imhof, Lauginger, Manlich, von Stetten und von Rehlinger Grabrechte. Die südöstlichste Doppelkapelle, die Rosenkranzkapelle, war die Sakristei. Dort sind noch Reste der Frührenaissance-Fresken zu sehen.

An der Nord- und Südhochwand sind im Obergaden die sogenannten „4 Gülden Stain" angebracht, Rotmarmorgedenksteine, die zu den frühesten Renaissancezeugnissen in Augsburg gehören (1519/20). Die Gedächtnistafeln erinnern an Kaiser Maximilian I., dessen Sohn Philipp und die Enkel Karl V. und Ferdinand I.

Über den „Gülden Stain" wurden um 1720 die Wappen und Inschriften derjenigen Dominikaner angebracht, die zu Päpsten gewählt wurden: Innozenz IV. (1243–1256), Pius V. (1566–1572), Benedict XI. (1303–1304), Benedict XII. (1729–1730). An den Längswänden befinden sich auch je drei Oratorien mit fensterartigen Gittern, durch die man von den Gängen über der Kapelle ungesehen dem Gottesdienst folgen konnte.

1716 bis 1724 erfolgte eine Barockisierung der Kirche. Für die Stuckierung waren die Wessobrunner Künstler Gebrüder Feichtmayr verantwortlich, die Deckenfresken – „Die 12 Geheimnisse des Rosenkranzes" – stammen von Johann Georg Bergmüller. Nach der Säkularisation 1803 wurde die Kirche als Lagerhalle der Stadt Augsburg verwendet, 1913 bis 1916 wurde sie aus privaten Mitteln des Hugo Ritter von Forster renoviert; seit 1966 dient die ehemalige Klosterkirche der Dominikaner als Römisches Museum.

J. N. von Raiser gründete 1822 das Antiquarium Romanum, das später, verbunden mit dem Historischen Verein für Augsburg und Schwaben, von dem auch ein Großteil der Exponate stammt, und durch Unterstützung der Alt-Augsburg-Gesellschaft 1966, als Römisches Museum eröffnet werden konnte. Die Augsburger Sammlung zählt zu den bedeutendsten in Süddeutschland.

Am Eingang empfängt den Besucher die Statue des Stadtgründers Augustus (3 v. Chr.–14 n. Chr.) in der Funktion eines obersten Priesters (Pontifex Maximus) von der Via Labicana in Rom. Die Kopie war 1985 ein Geschenk Italiens

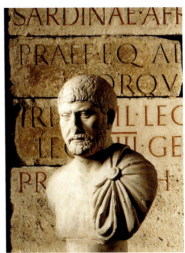

zur 2000-Jahr-Feier der Stadt Augsburg. Das Original steht im Museo Nazionale in Rom.

Der Bereich der ersten beiden Kapellen und der Raum davor wird wechselweise für Sonderausstellungen oder zur Präsentation von Fundstücken der vorrömischen Zeit genutzt.

Herausragend ist das älteste bekannte keltische Wagengrab Mitteleuropas (ca. 778 v. Chr.)

Die römische Expansion in den Voralpenraum beginnt um die Zeitenwende. Ab etwa 9 v. Chr. existiert ein römisches Militärlager, welches nach einigen Jahren durch ein Hochwasser des Alpenflusses Wertach vernichtet wird. Die Hinterlassenschaften dieses Versorgungslagers sind in Kapelle 3 ausgestellt.

Monumental über 4,50 m mit einem Gewicht von ca. 10 Tonnen erhebt sich im südlichen Kirchenschiff das Grabmal des Titus Flavius Clemens und seiner Familie. Nicht minder imposant ist die ergänzte Bauinschrift für Claudius Paternus Clementianus, einen der prominentesten Bürger der Provinz Raetien.

Rechts neben dem Grabmal ein einzigartiges Exponat: der 1769 nach einer Überschwemmung der Wertach am Ufer gefundene Pferdekopf einer vergoldeten kaiserlichen Bronze-Reiterstatue. In der anschließenden Rosenkranzkapelle sieht der Besucher einen Meilenstein des Kaisers Septimius Severus und lebensnahe Reliefs römischer Lastenträger. Ein Faksimile der zum UNESCO Kulturerbe gehörigen „Tabula Peutingeriana" bildet auf 7 Meter Länge etwa 100 000 km römischen Strassennetzes ab. Darauf eingetragen sind Bäder, tausende kleinere Ortschaften und bedeutende Städte.

Gegenüber an der Wand die Grabplatte des Augsburger Humanisten und Stadtschreibers Konrad Peutinger, die nach der Auflösung des Friedhofs am Dom wohl als Kegelplatte benützt worden war (neun Vertiefungen in der Platte).

Neben Weihealtären für die klassischen römischen Götter Jupiter, Merkur oder Apoll präsentiert die Ausstellung auch Widmungen an keltische oder orientalische Gottheiten. Aber auch der Alltag findet seinen Niederschlag: In der Kapelle 6 gibt es vom goldenen Ehering über Parfümfläschchen bis zur Gewandnadel einiges zu sehen was zum täglichen kleinen Luxus gehört.

Kapelle 7 lädt ein zum Platznehmen auf dem Nachbau einer römischen Speisekline. In der Längsvitrine eine Auswahl römischen Speisegeschirrs.

Fünf in der Form ähnliche Objekte in der Mitte symbolisieren die Zirbelnuss oder den Pyr. Dieser ist bis heute Bestandteil des Augsburger Stadtwappens. Im 16. Jahrhundert war man der Meinung, dass es sich dabei um das Wahrzeichen der Römerstadt Augusta Vindelicum handelte. Tatsächlich aber ist der Pyr ein Pinienzapfen, der in der Antike in Raetien häufig als Bekrönung von Pfeilergrabmälern diente. Er wurde als Symbol für die Unsterblichkeit angesehen.

Weinverkauf und -transport zeigen zwei außergewöhnlich gut erhaltene Steindenkmäler. Das Relief des Ochsenkarrens mit aufgeladenen Weinfässern verweist auf Augsburg als Handelsmittelpunkt im Voralpenraum zur Zeit des Römischen Imperiums.

Auf der Empore, die nur über eine Treppe zu erreichen ist, sind Kleinobjekte aus privaten Sammlungen und Stiftungen ausgestellt. Das Spektrum reicht von altägyptischen Grabbeigaben bis hin zu römischen Venus-Terrakotten. Bemerkenswert ist der vollständig erhaltene Kopf einer ägyptischen Mumie.

Geöffnet: Di 10–20 Uhr, Mi–So 10–17 Uhr. Tel. 324-4134. www.Augsburg.de

Schaezlerpalais M3

Maximilianstraße 46

Vorgängerbauten des Schaezler-Palais waren Häuser vornehmer Patrizier. 1527 kam hier jene Augsburgerin zur Welt, die die Gemahlin eines Habsburgers, des Erzherzogs Ferdinand von Österreich, wurde: Philippine Welser.

1765 ließ der Bankier und Silberhändler Adam Freiherr Liebert von Liebenhofen (1731–1810) den heute noch im Original erhaltenen Prachtbau errichten, der als der bedeutendste Profanbau des Rokoko in Augsburg gilt. Die repräsentative Fassade zur Maximilianstraße hat im Giebel eine Kartusche mit dem Wappen des Erbauers und einen vergoldeten Stern auf der Spitze (1821); eindrucksvoll ist auch die mit 96 Fenstern ausgestattete Seitenfront entlang der Katharinengasse. 1824 gelangte das Palais in den Besitz des Liebertschen Schwiegersohns, Johann Lorenz von Schaezler. 1958 schenkte Dr. Wolfgang Freiherr von Schaezler (1880–1967) zur Erinnerung an seine beiden im Zweiten Weltkrieg gefallenen Söhne das Palais der Stadt Augsburg unter der Bedingung, dass es ausschließlich kulturellen Zwecken diene. Seit 1970 befindet sich im Schaezler-Palais die Deutsche Barockgalerie.

Das Palais wurde 1765–1770 vom Münchner Hofbaumeister Albert von Lespilliez erbaut. Die Fresken im Treppenhaus – die Sieben Freien Künste mit Apollo und Merkur – schuf der italienische Künstler Gregorio Guglielmi (1714 Rom – 1773 St. Petersburg). In der ersten Etage gelangt man über eine lange Zimmerflucht zum großen fürstlich ausgestatteten Festsaal, der über zwei Stockwerke reicht.

Er gilt als der wertvollste erhaltene Festsaal seiner Zeit. Die Stuckarbeiten an der Decke und den Wänden sind besonders gelungene Arbeiten von Franz Xaver und Simpert Feichtmayr, die Schnitzarbeiten und die Wandvertäfelung schuf Placidus Verhelst. Das großartige Deckenfresko stammt von Gregorio Guglielmi, 1767.

Thema des Deckengemäldes ist die weltumspannende Macht des europäischen Handels. In der Mitte des Freskos thront Europa, links unten Afrika, rechts Asien und am entgegengesetzten Ende Amerika. Über den vier Seitenspiegeln der Ost- und Westwand des Saales finden wir Symbole der Jahreszeiten, über den Spiegeln der Nord- und Südseite die zwölf Tierkreiszeichen und Metallzeichen. Die 365 Kerzen im Saal (vorhanden sind nur noch 338) sollen die Tage eines Jahres versinnbildlichen.

Die Supraporten im Rokokofestsaal zeigen Tierdarstellungen aus den vier Kontinenten, darüber in der Form einer „Zirbelnuss" die so genannten Schalllöcher.

Rokoko-Saal im Schaezler-Palais

Gäste im Rokokofestsaal waren u. a. Marie Antoinette, spätere Königin von Frankreich, und Maximilian I. Joseph, König von Bayern. Am Abend des 28. April 1770 gab zur Eröffnung des Saales die Erzherzogin Marie Antoinette, Tochter der Kaiserin Maria Theresia, dem Hausherrn die Ehre ihrer Anwesenheit. Die Erzherzogin befand sich auf ihrer Brautfahrt von Wien nach Paris. Im Augsburger Palais tanzte sie drei Menuette und ließ sich Augsburger Trachten vorführen. Der Hausherr, Benedikt Adam Liebert von Liebenhofen, notierte über den hohen Gast: „Wie huldreich und gnädig diese an sich selbst sehr schö-

ne, an Haut und Fleisch ungemein zarte 14½-jährige Prinzessin sich gegen Jedermann erwiesen, vermag ich nicht zu beschreiben."

An den Saal schließt sich nach Westen das „Dreieckszimmer" an, ausgestattet mit französischen Papiertapeten, auf denen die Siegeszüge Napoleons dargestellt sind, dem ursprünglich in der Hofeinfahrt befindlichen Hängeleuchter und einer Stoffbespannung des 18. Jh. aus der Schüleschen Kattunfabrik. Durch diesen Raum führt der Weg in die Staatsgalerie, die in der ehemaligen Kirche des Katharinenklosters untergebracht ist.

Die **Deutsche Barockgalerie** im Schaezlerpalais gibt einen Überblick über die Malerei des Barocks und Rokoko (1600–1800) im deutschsprachigen Raum.

Weiterhin sind im Schaezler-Palais großartige Gemälde der Stiftung Karl und Magdalene Haberstock zu sehen: P. P. Rubens, van Dyck, J. van Rujsdael, J. van Goyen, P. Veronese, G. B. Tiepolo, Canaletto.

Geöffnet: Di 10–20 Uhr, Mi–So 10–17 Uhr. www.Augsburg.de

MUSEEN

Alte Meister in der Katharinenkirche M4

Eingang Schaezlerpalais, Maximilianstraße 46

In der Reichsstadt Augsburg sind die Dominikanerinnen seit dem 13. Jahrhundert nachweisbar. Zwischen 1251 und 1259 ließen die Nonnen eine Kirche und ein geräumiges Kloster erbauen. Zwischen 1498/1503 und 1516/1517 entstand eine neue Konventanlage durch Baumeister B. Engelberg und eine neue zweischiffige Hallenkirche von Hans Engelberg. Vorbild für die Kirche war die ebenfalls zweischiffige Hallenkirche St. Magdalena (heute Römisches Museum). 1670 wurde die Kirche barockisiert, 1802 erfolgte die Aufhebung des Konvents, dem damals 35 Nonnen angehörten. Im Klostergebäude befindet sich seit 1834 eine Schule, das heutige Holbein-Gymnasium in der Hallstraße.

Die zweischiffige Hallenkirche – Dürer hatte davon 1518 eine Visierung für die Nürnberger Clarissen anfertigen müssen – wurde in eine Gemäldegalerie umgestaltet. Zu diesem Zweck wurde die Kirche in drei große Säle unterteilt und mit neuen Fenstern auf der Nordseite versehen.

Am 12. Oktober 1835, dem Silbernen Hochzeitstag des bayerischen Königspaares Ludwig I. und Therese, wurde die Augsburger Staatsgalerie

eröffnet. Sie ist die älteste staatliche Gemäldesammlung Bayerns. Die heutige Gemäldesammlung macht Augsburg zu einem Zentrum altdeutscher Malerei, deren Schwerpunkt altschwäbische Künstler bilden, vor allem Hans Holbein d. Ä. und Hans Burgkmair.

Hans Holbein d. Ä., um 1460/65 in Augsburg geboren, war Maler sowie Zeichner für den Holzschnitt, die Glasmalerei, Goldschmiedearbeiten und Skulpturen. Hans Holbein gilt als der bedeutendste Künstler des Übergangs von der Spätgotik zur Renaissance in Augsburg. „Mit Hans Holbein d. Ä. tritt Augsburg in die Reihe der europäischen Kunstzentren ein" (Prof. Bruno Bushart). Das Wohnhaus der Künstlerfamilie Holbein stand am Vorderen Lech 20.

Der Maler und Zeichner **Hans Burgkmair d. Ä.** (1473–1531) erhielt seine erste Ausbildung bei seinem Vater Thoman Burgkmair in Augsburg. Seine künstlerische Begabung zeigte sich besonders in den Holzschnitt-Auftragswerken für Kaiser Maximilian I. Mit Ausnahme der

Hans Holbein d. Ä., Basilika San Paolo fuori le mura, 1504, Ausschnitt. Rechts ein Selbstbildnis mit seinen beiden Söhnen.

Maria Maggiore. – Ein Höhepunkt der Altdeutschen Gemäldesammlung ist das Porträt Jakob Fuggers des Reichen, gemalt von **Albrecht Dürer** (oder -Schule). Die Vorzeichnung zu diesem Gemälde dürfte wohl 1518 in Augsburg entstanden sein. Jakob Fugger „der Reiche" (1459–1525), der größte Kaufmann und bedeutendste Bankier im oberdeutschen Raum, trägt auf diesem Bild ein einfaches Leinenhemd, darüber eine

MUSEEN

Lehrzeit bei Martin Schongauer in Colmar und Reisen in die Niederlande und nach Venedig verbrachte Hans Burgkmair sein Leben in Augsburg, wo er besonders von dem Humanisten Konrad Peutinger gefördert wurde.

Zu den ersten Aufträgen des Hans Burgkmair zählen die in der Galerie zu bewundernden **Basilikenbilder**. Zwischen 1499 und 1504 hatten fünf Nonnen des Dominikanerinnenklosters St. Katharina diese Folge von Darstellungen der sieben römischen Basiliken bei Hans Holbein d. Ä., Hans Burgkmair und einem unbekannten Künstler, der mit den Buchstaben L. F. signierte, in Auftrag gegeben. Die Basilikenbilder waren für den Kapitelsaal bestimmt.

Für das Kloster war 1484 von Papst Innozenz VIII. ein Ablassprivileg erteilt worden, das Papst Julius II. bestätigt hatte. Nonnen, die nicht in der Lage waren, eine Wallfahrt nach Rom zu den sieben Hauptkirchen zu unternehmen, konnten den Ablass auch im Katharinenkloster erlangen, wenn sie vor drei der dargestellten römischen Basiliken die von der Oberin vorgeschriebenen Gebete verrichteten.

Hans Burgkmair d. Ä.: Basilica San Pietro, Basilica San Giovanni in Laterano, Basilica Santa Croce; Monogrammist L. F.: Basilica San Lorenzo, Basilica San Sebastiano; Hans Holbein d. Ä.: Basilica San Paolo fuori le Mura, Basilica Santa

Pelzschaube und eine golddurchwirkte venezianische Haube.

Seit der im Jahre 2000 abgeschlossenen Gesamtrenovierung befindet sich eine Büste von Hans Holbein d. J. aus der Hand des Künstlers Matthias Lossow (1847) in der Galerie.

Geöffnet: Di–So 10–17 Uhr. www.Augsburg.de

H2 – Zentrum für Gegenwartskunst im Glaspalast   M5

Am Glaspalast 1 / Amagasakiallee

Das H2 – Zentrum für Gegenwartskunst, eröffnet im Mai 2006, ist Museum, Wechselausstellung und Experimentiergehäuse zugleich. Der zeitliche Rahmen der Sammlung reicht von den 1980er Jahren bis heute. Auf über 2.000 m² gibt es spannende Ausstellungsflächen für junge Kunst, die zugleich den Charakter des ehemaligen Industriebaus bewahren.

Zeitgleich öffnete die neue Staatsgalerie Moderne Kunst, eine Zweiggalerie der Pinakothek der Moderne München, im gegenüberliegenden Flügel des Gebäudes. Sie zeigt in wechselnden Ausstellungen Highlights aus dem Bestand der Bayerischen Staatsgemäldesammlungen nach 1950.

Geöffnet: Di 10–20 Uhr, Mi–So 10–17 Uhr, Tel. 324-4155. Im gleichen Haus:

Kunstmuseum Walter
Galerie Noah im Glaspalast   M6

1909 wurde für die Spinnerei und Weberei Augsburg (SWA) ein palastartiges
Fabrikgebäude aus Eisen, Beton und
Glas von der Firma Thosti errichtet. Die
Augsburger nannten es den „Glaspalast", da während der Nachtschicht das
Licht durch die großzügigen Fenster-
flächen weit in die dunkle Umgebung
strahlte. Der Turm diente als Wasser-
behälter. 1910 gingen 26.000 Spindeln
und 492 Webstühle in Betrieb – 2.935
Menschen fanden hier Arbeit.
Nach Stilllegung der Weberei 1988 wurde das Gebäude großzügig umgewandelt: von der Fabrik- zur Kunsthalle. Auf
4.000 qm befinden sich heute mehrere
Museen unter einem Dach.
Die von dem Bauunternehmer Ignaz
Walter zusammengetragenen mehr
als 1600 Werke bieten ein Panorama
moderner Kunst. Gezeigt wird v.a. zeit-
genössische Nachkriegs- und Gegenwartskunst aus Deutschland-Ost und
West, Europa und Amerika sowie der
klassischen Moderne, außerdem das Lebenswerk von Egidio Costantini, einem
italienischen Glaskünstler.
In der Galerie Noah wird Kunst der Ge-
genwart ausgestellt und verkauft.

Geöffnet: Di–Fr 10–17 Uhr, Sa, So und Feiertage 11–18 Uhr. Tel. 8151163.
www.kunstmuseumwalter.com
www.galerienoah.com

tim – Staatliches Textil- und
Industriemuseum Augsburg M7

Provinostraße 46
(Augsburger Kammgarn-Spinnerei).

Das erste Landesmuseum Bayerisch-
Schwabens, tim, steht in der ehemaligen
Textilmetropole Augsburg und wurde
2010 eröffnet. Es wurde ausgezeichnet
als „bestes Industriemuseum Europas".
Heimat ist ein Gebäude der ehemaligen
Augsburger Kammgarnspinnerei, AKS,
gegründet 1836. Sanierung und Umbau fanden nach den Plänen des Grazer
Stararchitekten Klaus Kada statt. Träger
des tim ist der Freistaat Bayern in Zu-
sammenarbeit mit der Stadt Augsburg
und dem Bezirk Schwaben.
Die Dauerausstellung des tim stellt in
lebendiger, multimedialer Form die Tex-
tilgeschichte Europas am Beispiel Augsburgs, Schwabens und Gesamtbayerns
dar. Das tim ist in Bayern das erste wirt-
schafts-, sozial- und kulturgeschicht-

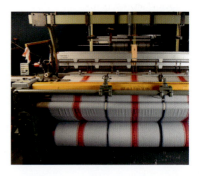

54

liche Museum seiner Art, das sich in die Tradition einer gewachsenen Branche stellt und versucht, deren Höhen und Tiefen von der Industrialisierung bis zur Globalisierung zu dokumentieren. Besonders beliebt sind die Maschinenvorführungen in der museumseigenen Weberei und deren Produkte.

Di–So 9–18 Uhr, Tel. 81001-50
www.timbayern.de

Bert Brecht 1899

Brechthaus M8

Auf dem Rain 7

In diesem typischen Handwerkerhaus aus dem 16./17. Jahrhundert, von Lechkanälen umflossen, wurde Augsburgs bedeutendster Schriftsteller, Eugen Bertolt Friedrich Brecht, am 10. Februar 1898 geboren. Brecht, einer der großen Schriftsteller des 20. Jahrhunderts, gilt nicht nur als hervorragender Dramatiker, Theatertheoretiker und -praktiker, sondern auch als Lyriker und Erzähler von Weltrang.
Seit dem 10. Februar 1985 ist das Geburtshaus eine Gedenkstätte. Zum 100. Geburtstag Brechts 1998 wurde die Ausstellung von Prof. Hans Peter Hoch neu gestaltet.

Augsburg unterhält eine Brechtforschungsstätte. Die Staats- und Stadtbibliothek besitzt den umfangreichsten Bestand aus Brechts Frühzeit.
Jährlich um den 10. Februar (Brechts Geburtstag) gibt es Veranstaltungen zum Thema Brecht. Seit 1995 wird zu diesem Zeitpunkt in dreijährigem Turnus der „Bert-Brecht-Preis", ein Literaturpreis der Stadt Augsburg unter Beteiligung der Brecht-Erben, verliehen.
Bisherige Preisträger: Franz Xaver Kroetz, Robert Gernhardt, Urs Widmer, Christoph Ransmayr, Dea Loher.

Geöffnet: Di–So 10–17 Uhr. Tel. 324-2779

Mozarthaus M9

Frauentorstraße 30

An dem Geburtshaus Leopold Mozarts (1719–1787) wurde erstmals 1858 eine Gedenktafel angebracht. 1937 erfolgte die Eröffnung eines Gedenkraumes durch den späteren Bürgermeister und Mozartkenner Ludwig Wegele. 1939 schenkte die Hasen-Bräu-AG das Gebäude der Stadt, das in zwei Stockwerken eine Mozartgedenkstätte beherbergt. Eine große Kostbarkeit stellt das von dem bedeutenden Augsburger Klavierbauer Johann Andreas Stein geschaffene, noch bespielbare Hammerklavier von 1785 dar.
Der Name Mozart ist schon seit 1480 in Augsburg nachweisbar. Leopold Mozart war das älteste von neun Kindern des Buchbinders Johann Georg, dessen Vater der in der Fuggerei lebende Mau-

55

rermeister Franz Mozart war. Leopold Mozart erhielt schon früh neben der schulischen auch eine gediegene musikalische Ausbildung im Jesuitenkolleg St. Salvator in der Jesuitengasse. Er war Chormitglied bei St. Ulrich und Afra und Heilig Kreuz und spielte bereits als Fünfjähriger auf der Schulbühne. Nach dem Tod seines Vaters verließ der 18-jährige Leopold Mozart Augsburg und ging nach Salzburg, wo er an der Universität die Fächer Jurisprudenz und Philosophie belegte. 1747 heiratete er dort Anna Maria Walburga Pertl. Leopold Mozart ließ sich sein Augsburger Bürgerrecht 1748 und 1751 bestätigen. Der Kontakt nach Augsburg blieb besonders zu seinem Bruder, dem Buchbindermeister Franz Aloys Mozart, erhalten, ebenso zum Kloster Heilig Kreuz, dem „Collegium musicum", das zahlreiche seiner Werke aufführte. Enge Beziehungen unterhielt Leopold Mozart auch zum Musikverleger Johann Jakob Lotter, der 1756 sein bedeutendes musikpädagogisches Werk „Versuch einer gründlichen Violinschule" herausbrachte, das in holländischer, französischer und russischer Übersetzung erschien.

Nach Leopold Mozarts Ernennung zum Vizekapellmeister der fürsterzbischöflichen Hofkapelle in Salzburg unternahm er ausgedehnte Auslandsreisen mit seinen Kindern Maria Anna Walburga Ignatia, gen. Nannerl, und Johannes Chrysostomus Wolfgang Gottlieb (Wolfgang Amadé). Einige Reisen führten auch nach Augsburg.

In dieser Mozartgedenkstätte ist seit 1992 der Sitz der Internationalen Leopold-Mozart-Gesellschaft und seit 1996 der Sitz der Deutschen Mozartgesellschaft; in Augsburg findet turnusmäßig das Deutsche Mozartfest statt.

Das im Jahr 2006 – zum 250. Geburtstag von Wolfgang Amadé – neu gestaltete Mozarthaus zeigt Gemälde, Stiche und Graphiken zur schwäbischen Familie Mozart, zu Leopold und Wolfgang Amadé, zu den Reisen der Mozarts durch Europa sowie Originalinstrumente dieser Zeit.

Geöffnet: Di–So 10–17 Uhr, Tel. 324-3894 und 324-3896 Informationen unter www. deutsche-mozart-gesellschaft.de
www.regio-Augsburg.de

Im Jahr 1991 stiftete die Mozart-Gemeinde Augsburg ein Denkmal, das nach dem Entwurf von Friedrich Brenner in Form einer prismenförmigen Stele mit zwei Medaillons jeweils für Vater und Sohn Mozart im Fronhof aufgestellt wurde. Ein „Bäsle"-Medaillon von Brenner ist im Tastraum im Rathaus zu sehen. – Alle vier Jahre findet in Augsburg der Internationale Violinwettbewerb Leopold Mozart des Leopold-Mozart-Kuratorium Augsburg e.V. statt.

www.leopold-mozart-competition.de

Diözesanmuseum St. Afra   M10

Kornhausgasse 3–5, am Dom

Schon 1872 unter Bischof Pankratius von Dinkel wurde ein Museum des Domkapitels gegründet. Es nahm die Gegenstände des Domschatzes sowie einige Schenkungen und Leihgaben auf. Die Sammlung ging 1910 leihweise an die Stadt Augsburg über. Seit 1984 bestanden Bestrebungen, ein eigenes Diözesanmuseum zu errichten. Die sakralen Gegenstände wurden nach und nach an die Diözese zurückgegeben. Am 3. Juli 2000 wurde das Afra-Museum in Räumlichkeiten, die um den

Messgewänder des Hl. Ulrich, 10. Jh., der sog. Oettinger Tragaltar, 12. Jh., das Ostensorium des „Wunderbarlichen Gutes von Hl. Kreuz", 13.–19. Jh., die Funeralinsignien Kaiser Karls V., 1559.

Ein Raum ist den hochbedeutenden Ausgrabungen im Dom gewidmet. Ferner ist der Domkreuzgang mit seinen über 400 Epitaphien zu besichtigen.

Geöffnet: Di–Sa 10–17 Uhr; So 12–18 Uhr. Tel. 31 66-333. www.bistum-Augsburg.de

Jüdisches Kulturmuseum   M11

Halderstraße 8; Synagoge

Das **Jüdische Kulturmuseum** wurde 1985 im westlichen Seitentrakt der eindrucksvollen Augsburger Synagoge eingerichtet. Es dokumentiert die reiche Kultur und wechselvolle Geschichte der Juden in Augsburg und Schwaben vom Mittelalter bis heute. Die im November 2006 eröffnete neue Dauerausstellung präsentiert diese Geschichte als eine Geschichte der Migration, als Abfolge von Niederlassung und Austreibung, von Integration und Ausgrenzung, von Selbstbehauptung und Anpassung. Die Konzeption lenkt den Blick auf das Verhältnis von jüdischer Minderheit und

Kreuzgang an der Nordseite des Domes führen, seiner Bestimmung übergeben. Der größte Schatz, den es birgt, sind die **Bronzetüren** des Domes. Sie werden auf die Zeit vor 1065 datiert und gelten als das bedeutendste Bronzekunstwerk des frühen Mittelalters in Süddeutschland.

In ihnen sind die Reste des ursprünglich wohl vierflügeligen Hauptportals des romanischen Doms zu zwei Türflügeln zusammengefasst. Seit 1863 waren sie in das neugotische Portal mit dem Tympanon von Joseph Hautmann, München, dem „Brautportal" am südlichen Langhaus des Domes, eingesetzt.

Zum Bestand des Museums gehört sakrale Kunst von überregionaler Bedeutung vom 6. bis 20. Jahrhundert mit Schwerpunkt Mittelalter: Skulptur, Malerei, liturgische Geräte und sakrale Gewänder. Die Hauptwerke sind der Witgariusgürtel, 9. Jh., zwei

christlicher Mehrheit. Sie thematisiert religiöse Praxis im Wandel der Zeit und macht jüdische Geschichte als einen integralen Teil der Augsburger und der schwäbischen Geschichte deutlich.

Öffnungszeiten für Synagoge und Jüdisches Kulturmuseum: Di, Do, Fr 9–16 Uhr, Mi 9–20 Uhr, So 10–17 Uhr. Führungen: Tel. 513658. www.jkmas.de

Lettl-Atrium   M12

Museum für surreale Kunst in der Industrie- und Handelskammer Augsburg, Stettenstr. 1+3

Aus Anlass des 150-jährigen Bestehens der Industrie- und Handelskammer für Augsburg und Schwaben hat das Parlament der Schwäbischen Wirtschaft beschlossen, die Atriumräume des Bildungszentrums im Park des Kammergrundstücks als Museum für die Werke von Wolfgang Lettl zur Verfügung zu stellen. Die IHK beherbergt damit eine in ihrer Schönheit und Geschlossenheit wohl einmalige Sammlung surrealer Kunst, geschaffen von dem Augsburger Künstler Wolfgang Lettl († 2008).

Geöffnet: Mo–Fr 8–19:30 Uhr, Sa 11–16 Uhr, So 11–17 Uhr. Führung jeden 1. Sonntag im Monat 11 Uhr. Tel. 55 16 42. www.lettl.de

Eishockeymuseum
Hall of Fame e.V.   M13

im Hallenbad an der Schwimmschulstraße

1988 wurden auf Anregung des damaligen DEB-Präsidenten Otto Wanner (Füssen) das Eishockey-Museum und die Hall of Fame Deutschland gegründet. Bis 1993 wurde das transportabel konzipierte Museum in Garmisch-Partenkirchen, Mannheim, Landshut und bei der WM 1993 in München ausgestellt. Danach lagerten die Exponate in Füssen. 1999 wurde der Verein Eishockey-Museum e.V. in Augsburg gegründet. Die Stadt Augsburg stellte dem Verein Räumlichkeiten im Hallenbad an der Schwimmschulstraße in Augsburg mietfrei zur Verfügung.

Die Hall of Fame Deutschland ist der Ehrenbereich des Museums. Hier werden Spieler, Schiedsrichter, Trainer, Offizielle und Journalisten aufgenommen, die sich um den Eishockeysport verdient gemacht haben.

Im deutschen Eishockey-Museum kann man eine eindrucksvolle Entdeckungsreise in die Geschichte des Eishockeysports machen. Man erlebt einen Überblick der Entwicklung von 1920 bis ins 21. Jahrhundert. An Puppen wird demonstriert, wie sich Ausrüstung und Sportgeräte entwickelt haben. Schlittschuhe bis zurück ins Jahre 1820 und traditionelle Dokumente und Plakate sind ebenso zu finden wie geschichtsträchtige Trikots aus aller Welt. Ein eigener Betreich ist dem Superstar Wayne Gretzky gewidmet und zeigt handsignierte Trikots des Stars. Auch Erich Kühnhackl, Gustav Jaenecke und dem Olympiateam von 1976 sind eigene Bereiche und Vitrinen gewidmet.

Kontakt: Eishockey Museum e.V.
geöffnet an Heimspieltagen der Augsburger Panther sowie freitags ab 14 Uhr
Schwimmschulstraße 7
www.eishockeymuseum.de

Architekturmuseum Schwaben   M14

Thelottstr. 11

In der früheren Villa der Familie Buchegger befindet sich seit 1995 das Architekturmuseum Schwaben, eine Zweigstelle des Architekturmuseums der Technischen Universität München.
Es beherbergt eine reichhaltige Sammlung von Architekturzeichnungen, -plänen und -büchern über die historischen Gebäude Augsburgs und Schwabens und bewahrt den Nachlass bedeutender schwäbischer Architekten und Künstler zu wissenschaftlicher Auswertung. Eine entscheidende Bereicherung ist die Übernahme von Buchbeständen des Stadtbauamtes Augsburg, die aus den Jahren 1830 bis 1920 stammen.
Regelmäßige Ausstellungen zu Architekten und zur Architekturgeschichte.

Geöffnet: Di–So 14–18 Uhr. Tel. 228183-0, www.architekturmuseum.de

Naturmuseum Augsburg   M15

Eingang Augusta Arcaden, Ludwigstraße 2

Gegründet vom Naturwissenschaftlichen Verein für Schwaben. 1854 bis 1905 zusammen mit den Sammlungen des Historischen Vereins im Gebäude des heutigen Maximilianmuseums.

1906 bis 1944 im Von-Stetten-Haus am Obstmarkt. 1944 mit allen Sammlungen vollständig zerstört. Erste Wiederaufbaubemühungen ab 1947 in den Wassertürmen am Roten Tor durch die Naturforschende Gesellschaft Augsburg, ab 1954 unter alleiniger Trägerschaft der Stadt. 1964 bis 1987 Ausstellung im Fuggerhaus. 1988 Umzug in ein eigenes Haus neben dem alten Standort am Obstmarkt. Neueröffnung im Juni 1991.
Ausstellungen: Exotische Tiere und Pflanzen in Schwaben aus der Zeit vor ca. 12 Millionen Jahren (Jung-Tertiär) und ihre heute lebenden Verwandten – ein Vergleich. Der Besucher erlebt, dass Krokodile, Elefanten, Riesenschildkröten und Affen in Augsburg gelebt haben (einzige Ausstellung dieser Art). Tiere und Pflanzen Mitteleuropas in ihren Lebensräumen – Biotope von den Alpen bis zur Nordsee. Tiere aus aller Welt – von ihren Eigenheiten und aus ihrem Leben. Mineralien, Gesteine und Fossilien – Entwicklung der belebten und unbelebten Natur.

Geöffnet: Di–So 10–17 Uhr; für Schulen nach Anm. ab 9 Uhr; Tel. 324-6740.
www.naturmuseum.Augsburg.de

S-Planetarium   M16

Eingang Augusta-Arcaden, Ludwigstraße 2

Die Veranstaltungen im modern ausgestatteten Planetarium – im gleichen Gebäude wie das Naturmuseum – werden je nach Jahreszeiten und besonderen Himmelsereignissen abwechslungsreich angeboten. Sie finden bei jedem Wetter im klimatisierten Kuppelsaal statt und dauern ca. 50 Minuten.

Kartenreservierungen täglich außer Mo: Tel. 324-6762. Vorführungen für Schulklassen von Di bis Fr, Termin nach Vereinbarung. www.s-planetarium.de

MUSEEN

Museum „Die Kiste" der Augsburger Puppenkiste   M17

Spitalgasse 15, Heilig-Geist-Spital, im Haus der „Augsburger Puppenkiste".

Nach einem Umbau entstand im Haus der Augsburger Puppenkiste im Oktober 2001 ein Museum „Die Kiste", das die von allen Kindern geliebten „Stars an Fäden" wie Jim Knopf und Lukas der Lokomotivführer, das Urmel und Kater Mikesch, Bill Bo und seine Bande, den Räuber Hotzenplotz oder Monty Spinneratz und andere „Kollegen" in ihrer „natürlichen Umgebung" zeigt und auf 570 Quadratmetern die Geschichte dieses weltberühmt gewordenen Hauses verdeutlicht. Mit bereits über 250.000 Besuchern ist es das erfolgreichste Puppentheatermuseum Europas. Dreimal jährlich wechselnde Sonderausstellungen.

Geöffnet: Di–So 10–19 Uhr. Tel. 450345-0 www.Augsburger-puppenkiste.de.

Schwäbisches Handwerkermuseum   M18

im ehemaligen Brunnenmeisterhaus, Beim Rabenbad 6 (hinter der „Puppenkiste")

Das Museum bietet einen Einblick in rund 40 Handwerksberufe und deren historische Entwicklung. Es war nicht nur der Handel, sondern auch das florierende Handwerk, dem Augsburg sein internationales Ansehen verdankt. Träger des Museums ist die Handwerkskammer für Schwaben.

Mo–Di 9–12 Uhr, Mo–Fr 13–17 Uhr, Sa geschlossen, So + Feiertage 10–17 Uhr, Tel. 3259-1270. www.hwk-schwaben.de

MAN-Museum   M19

Maschinenfabrik Augsburg-Nürnberg, Heinrich-von-Buz-Straße 28

Das Werksmuseum wurde 1963 durch Generaldirektor Otto Meyer eröffnet. Auf 700 qm Ausstellungsfläche wird die Entwicklung der Fabrikanlagen und der Maschinenbauindustrie dargestellt. Schwerpunkte bilden die Druckmaschinen, die erste Buchdruck-Schnellpresse von 1846 und die Entwicklung des Dieselmotors sowie historische Kraftfahrzeuge.
1892 begann Rudolf Christian Karl Diesel mit seiner Arbeit an einer Verbrennungskraftmaschine. Am 28. Januar 1897 stellte er seinen funktionsfähigen Motor in Augsburg vor.
Rudolf Diesel wurde 1858 in Paris ge-

Der Ur-Dieselmotor (Foto: MAN)

Ballonmuseum M20

Die Aeronautik-Sammlung Alfred Eckert, Gersthofen, Bahnhofstraße 12, im ehemaligen Wasserturm

Das Museum, weltweit das erste dieser Art, dokumentiert anhand von Ballon-gondeln, Modellen, historischen Bildern, Büchern, Instrumenten, Porzellan, Photographien und Medaillen die Geschichte der Ballonfahrt.

Als erster Deutscher wollte Joseph Maximilian Freiherr von Lütgendorf schon 1786 in Gersthofen in die Wolken.

August von Parseval baute und startete seine Prall-Luftschiffe hier, und die Weltsensation des Vorstoßes in die Stratosphäre durch Prof. Auguste Piccard mit Wasserstoffgas fand 1931 von Gersthofen aus statt.

Im Mai 2003 wurde ein multimedialer, erlebnisorientierter Erweiterungsbau eröffnet.

Geöffnet: Mi 13–17 Uhr, Do 10–19 Uhr, Fr 13–17 Uhr, Sa/So 10–17 Uhr. Tel. 2491-506
www. Ballonmuseum-Gersthofen.de

MUSEEN

boren (Jubiläumsfeiern 2008) und auf den Namen Rodolphe Chretien Charles getauft. Seine Eltern, die aus Augsburg stammten, hatte es nach den Revolutionswirren von 1848 nach Paris verschlagen, wo sie eine Werkstatt für Saffianlederwaren eröffneten. Als 1870 der Krieg ausbrach, mussten die Diesels nach England auswandern. Rudolf Diesel aber kam zu seinen Verwandten nach Augsburg. Er besuchte hier die Kreisgewerbeschule (heute Holbein-Gymnasium), später die Industrieschule, die er beide jeweils als bester Schüler abschloss. Ein Stipendium ermöglichte ihm ein Studium am Polytechnikum in München. Nach dem Maschinenbaustudium wurde Diesel Mitarbeiter im Institut des Kältetechnikers Carl von Linde. In Augsburg hatte er die Unterstützung des Direktors der Maschinenfabrik Heinrich Ritter von Buz gefunden und konnte so seine Forschungsarbeit erfolgreich zum Abschluss führen.

Besichtigung nach Anmeldung Tel. 424-3791 Mo–Fr 9–17 Uhr, www.manroland.de

KIRCHEN

Informationen über Augsburger Kirchen auch unter www.Augsburger-kirchen.de

Heilig-Kreuz-Kirche (kath.)   K1

Heilig-Kreuz-Straße 3

Die beiden Heilig-Kreuz-Kirchen (kath. und ev.) sind „Doppelkirchen", ebenso wie die beiden Ulrich-Kirchen – eine Augsburger Besonderheit der Reformation. 1172 übernahmen die Chorherren des hl. Augustinus das damals außerhalb der Stadtbefestigung gelegene Hospiz für Pilger und Sieche. Die zugehörige Holzkirche soll vom hl. Ulrich geweiht worden sein.

Der untere Teil des Kirchturms dürfte zu einem Turm der Augsburger Stadtbefestigung gehört haben. Er besitzt romanische Elemente, eingebaute römische Grabsteine und eine Schießscharte.

1199 entstand die Wallfahrt zur Bluthostie, dem „Wunderbarlichen Gut". Die Geschichte des Wunderbarlichen Guts ist folgende: Eine Augsburgerin hatte im Jahre 1194 nach dem Empfang des Allerheiligsten Altarsakramentes die Hostie heimlich aus dem Mund genommen, zu Hause in Wachs eingeschlossen und fünf Jahre lang aufbewahrt. Von Gewissensbissen gequält, beichtete die Frau im Mai 1199 ihre Tat dem Propst von Hl. Kreuz, der davon den Bischof Udalschalk in Kenntnis setzte. Die Hostie wurde in den Dom gebracht und zur Verehrung ausgesetzt. Vor allem während der hl. Messe schwoll die Hostie unter der Wachshülle so stark an, dass sich das Wachs von selbst ablöste. Beide Teile, die blutrote Hostie und das Wachs, schloss der Bischof in ein Kristallgefäß ein und ließ, eines großen Wunders sicher, die Hostie in feierlicher Prozession nach Hl. Kreuz zurückbringen, wo sie nunmehr als das „Wunderbarliche Gut" seit Jahrhunderten verehrt und angebetet wird.

An der Westwand der Kirche ist die Geschichte des „Wunderbarlichen Guts", in Stein gehauen, erzählt (1839).

Die ursprünglich romanische Kirche wich 1492–1508 einer dreischiffigen spätgotischen Hallenkirche.

1677 begann die Barockisierung, die Kirchenfresken schuf Johann Georg Bergmüller. Der fast völligen Zerstörung 1944 folgte 1946 der Wiederaufbau unter dem Kustos Suso M. Geiselhart O. P. nach Plänen von Prof. M. Kurz (1876–1957), der die gotische Struktur wieder sichtbar machte. 1989 wurde der Turm wieder mit einer barocken Zwiebelhaube bekrönt.

Bei der Säkularisation im Jahre 1803 mussten die Chorherren Kloster und Kirche verlassen; das Kloster wurde abgebrochen. 1932 übernahmen die Dominikaner die Seelsorge an der heutigen Priorats- und Wallfahrtskirche Heilig Kreuz.

Die Kriegszerstörung überstanden haben ein Kruzifix (1626) von Georg Petel, das **Gemälde** „Himmelfahrt Mariens" (1626), Peter Paul Rubens zugeschrieben, und die **Figuren** von Ignaz Wilhelm Verhelst (1729–1792). Letztere wurden von dem Tiroler Prof. Hans Ladner in eine **Altarkomposition** aus Holz eingebunden zur Glorifizierung des Kreuzes. Vom selben Künstler stammt auch die Marmoraltargruppe und der Tabernakel aus Laaser Marmor.

Die **Chorfenster** von Hubert Distler hinterfangen die moderne Altarschöpfung in von unten nach oben aufhellender Farbigkeit.

Das vortreffliche **Schmiedeeisengitter** wurde in dreijähriger Arbeit von den Kunstschmieden Johann Michael Hoch und Johann Georg Rummel geschaffen und 1744 zur Trennung von Langhaus und Vorhalle eingesetzt.

Heilig-Kreuz-Kirche (ev.)   K2

Heilig-Kreuz-Straße 7

Der Ursprung dieser Kirche war die St. Ottmars-Kapelle bei Heilig Kreuz, die seit 1210 bestand und 1445 vom Stift zum Predigthaus umgebaut wurde. Der Rat der Stadt wies 1525 die Kapelle den Evangelischen zu. 1561 verzichtete das Chorherrenstift auf seine Rechte, die Kapelle wurde erweitert und von nun an Heilig-Kreuz-Kirche genannt. 1629 erzwang man durch das Restitutionsedikt den Abbruch der evangelischen Kirche, so dass die evangelischen Gemeindemitglieder von 1629 bis 1653 ohne Kirche waren. Der Pfarrer Thomas Hopfer sammelte seit 1648 Gelder für einen Kirchenneubau. Nicht nur König Friedrich III. von Dänemark unterstützte dabei den Pfarrer; auch die schwedische Königin Christine, Tochter des 1632 in Augsburg weilenden Königs Gustav Adolf II., spendete 5000 Gulden aus ihrem Privatvermögen.

Den Neubau der Kirche führte Johann Jakob Krauss 1691 aus, der eine freihängende bemalte **Holzkassettendecke** schuf, die der Kirche einen saalartigen Charakter verleiht. 1805 diente die Kirche zur Unterbringung von Kriegsgefangenen. Lagerfeuer wurden in ihr entzündet. Nach einer folgenden Nutzung als Heu- und Strohmagazin führte man 1814 den Bau wieder der Verwendung als Kirche zu.

Die **Orgel** (ein Werk der Firma F. Steinmeyer, Oettingen) besitzt noch das Gehäuse von 1730/31. Das **Deckengemälde** und der zarte Stuck im Altarraum stammen von Johann Georg Bergmüller.

Das Hauptbild über der Orgel stellt die „Geistesgaben" dar, die Liebe, den Glauben und die Hoffnung.

Beachtenswert sind die achtzehn **Bilder an der Empore**, die dem Maler Matthäus Gundelach (1566–1654) zugeschrieben werden, möglicherweise aber von Matthias Strasser vollendet

KIRCHEN

wurden. Den **Altar** und die **Kanzel** schufen Placidus und Ignaz Wilhelm Verhelst nach Entwürfen von Esaias Nilson, 1762/1767. Die Kirche zeigt einen reichen Schatz an Gemälden aus dem 17. und 18. Jahrhundert von den Künstlern Stephan Werner, Johann Heiss, Johannes Spillenberger, Johann Heinrich Schönfeld, Ernst Philipp Thoman von Hagelstein, Johann Georg Bergmüller, Friedrich Sustris. An der Nordwandseite „Taufe Christi", Jacopo Tintoretto zugeschrieben.

Die ehemalige Niederlassung der Augustinerchorherren bei Heilig Kreuz gilt auch als Lutherstätte. Der Augustinerpater Martin Luther wohnte dort auf seiner Rückreise von Rom Anfang März 1511.

Geöffnet: Mo, Di, Do 10–12 Uhr,
Mi, Fr, Sa 10–11 Uhr, Mo u. Sa 14–16 Uhr,
Di, Mi, Do, Fr 15–16 Uhr, So 8–11 Uhr

Den Erker des Hauses Heilig-Kreuz-Straße 4 zieren Gedenktafeln an drei Persönlichkeiten. Kaiser Maximilian, der letzte Ritter – in einem Relief verewigt – hatte hier 1501 durch die Vermittlung des Augsburger Humanisten Conrad Peutinger ein Haus erworben.

Der Kaiser wurde wegen seiner langen Aufenthalte in Augsburg (insgesamt waren es zwei Jahre und sieben Monate) der „Bürgermeister von Augsburg" genannt. Auch an den kaiserlichen Rat Kunz von der Rosen wird auf einer Tafel erinnert. Die dritte Tafel sagt aus, dass der Reichsritter Götz von Berlichingen von November 1528 bis März 1530 im benachbarten Heilig-Kreuz-Turm eingesperrt war.

Etwa an der Stelle des heutigen Stadttheaters wurde 1514 (angeblich auf Veranlassung des Kaisers Maximilian I.) ein Nachttor, der „Alte Einlass", angelegt. Das Tor war wegen seiner vermeintlich automatischen Maschinerie weithin bekannt. In Wirklichkeit wurden die Verschließmechanismen – eine statisch raffiniert ausgewogene Zugbrücke sowie drei widerstandsfähige Türen von insgesamt drei Gelassen, die zu passieren waren – von den im Obergeschoss unsichtbar hantierenden „Einlässern" bedient. Somit konnte der Kaiser auch des Nachts, wenn die Stadttore versperrt waren, in die Stadt gelangen.

Im Eckhaus Ludwigstraße 36 befand sich das Hotel „Weißes Lamm". Eine Gedenktafel erinnert an zwei prominente Gäste: an Wolfgang Amadeus Mozart und an Johann Wolfgang von Goethe, der auf Empfehlung Johann Gottfried Herders auf seiner zweiten Italienreise dort logierte; auf der Rückreise stieg er dann im Hotel „Drei Mohren" ab.

St. Peter am Perlach (kath.)   K3

Rathausplatz

Die romanische Hallenkirche St. Peter von 1182 ist eine der ältesten Ziegelstein-Kirchenbauten Süddeutschlands. Sie wurde die Kirche des bis zur Säkularisation bestehenden Kollegiatkanonikerstiftes. Ab 1260 diente die Kirche als Ratskirche.

St. Peter wurde im 18. Jahrhundert barockisiert und 1954 nach schweren Kriegszerstörungen wieder in der romanischen Form hergestellt.

Das **Hochaltarbild**, von Matthias Kager 1625 geschaffen, zeigt „Christus als den guten Hirten". Es ist ebenso eine Stiftung des Hauses Fugger wie das **„Fuggerkreuz"** aus der Werkstatt des Michel Erhart (1522) an der Nordwand der Kirche und die fast lebensgroße **Petrusfigur** von 1581. Links im Chor ein **Sakramentshäuschen** (1622) mit dem Wappen der Familie Welser, der Lilie. Links vom Chor die Tonfigur einer **„Stehenden Madonna"** (1420/1430), einem schwäbischen Künstler zugeschrieben. Am südwestlichen Langhauspfeiler eine Kopie der berühmten tönernen Sitzstatue **„Christus als Weltenrichter"** (1182), deren Original sich im Maximilianmuseum befindet.

Beachtenswert sind die **Wandgemäl-**

KIRCHEN

de, die aus dem 3. Viertel des 13. Jahrhunderts stammen und damit zu den ältesten im Augsburger Raum zählen: der hl. Petrus, der hl. Paulus und zwei weibliche Heilige, lebensgroß, sowie ein kleines Feld mit Resten einer szenischen Darstellung.

Die St. Peter-Kirche ist als **Wallfahrtskirche** zur Gottesmutter „Maria Knotenlöserin" ein weltweit bekanntes Pilgerziel.

Das Gnadenbild, von Johann Georg Schmidtner gemalt, stiftete 1700 der Kanoniker Hieronymus Ambrosius Langenmantel.

Seit 1997 birgt die Kirche auch in einem wertvollen Schrein eine Reliquie der seligen Kreszentia von Kaufbeuren, die besonders in der Diözese Augsburg verehrt wird; das wertvolle Reliquiar schuf Martin Ziegelmayer 1997.

St. Peter am Perlach dient heute den in Augsburg ansässigen Italienern als Kirche. Die Seelsorge ist den Jesuiten übertragen.

Die Kirche ist täglich von 8–18 Uhr geöffnet. Siehe auch www.jesuiten.org, Perlach

Maria Stern (kath.)　　　K4

Kirche des Franziskanerinnenklosters
Elias-Holl-Platz

Die Geschichte der Franziskanerinnen in Augsburg reicht bis in das 13. Jahrhundert zurück. 1574 genehmigte der Augsburger Bischof Johann Eglof von Knöringen den Bau eines Klosters mit einer Kirche.

Vom Elias-Holl-Platz aus, wo seit 1963 ein Obelisk zur Erinnerung an den großen Stadtbaumeister steht, kann man die Klosteranlage gut sehen. An ein traufseitiges Gebäude schließen sich die Giebel der Kirche und des Klosters an. Zwischen den Giebeln steht ohne Fundament ein schlankes achteckiges, aus Ziegeln gemauertes Türmchen, das mit einer kupfernen Zwiebelkuppel bekrönt ist. Sie ist eine der frühesten „welschen Hauben" in Bayern. Gotische Maßwerkfriese und Renaissanceelemente verbinden sich an dem Türmchen, das Jonas Holl, dem ältesten Bruder von Elias Holl, zugeschrieben wird. Die Klosteranlage und die Kirche erbaute 1574 bis 1576 der Vater, Hans Holl. 1730 erfolgte eine Barockisierung der Kirche, 1804 wurde das Kloster säkularisiert. 1828 belebte König Ludwig I. das Kloster wieder, verbunden mit einem Erziehungsauftrag für katholische Mädchenschulen.

Von der Zerstörung 1944 ist in dem reizenden Kirchlein nichts mehr zu spüren. Johann Georg Bergmüller schuf das **Altarblatt** „Die hl. Elisabeth verehrt das Jesuskind auf der Weltkugel". Auch das **Deckengemälde** mit marianischen Motiven stammte ursprüng-

65

Barfüßerkirche (ev.)   K5

Barfüßerstraße

Ein Konvent der Franziskaner ist in Augsburg erstmals 1221 bezeugt. Im Volksmund wurden die Mönche Barfüßer oder Minderbrüder genannt.

Der bekannteste Augsburger Barfüßermönch war der Volksprediger Bruder David, der ab 1247 in Augsburg wirkte. In der Reformationszeit löste sich der Konvent 1526 auf, die Kirche wurde evangelische Pfarrkirche.

1407 bis 1411 wurde eine dreischiffige spätgotische Basilika mit überlangem Mönchschor gebaut. Die im 18. Jahrhundert barockisierte Kirche versank 1944 fast völlig in Schutt und Asche.

Nach dem Krieg wurde nur noch der **Ostchor** (22,5 m hoch und 24,5 m lang) der einst mächtigen Kirche wiederhergestellt.

Den **Altarraum** beherrscht das große Kruzifix (um 1630) von **Georg Petel** (1602–1634), dem weitgereisten Bildhauer, der Kontakte zu Rubens und van Dyck pflegte. Vom gleichen Künstler stammt das „Segnende Christkind" (*Foto*), das ursprünglich auf dem Kanzeldeckel stand. Den Taufstein schuf Prof. E. Göhlert, Augsburg, 1963. Den Altarraum schließt ein prachtvolles, mit Rocaillen, Vasen, Kartuschen in Email reichgeschmücktes Chorgitter ab, das Johann Samuel Birkenfeld 1760 schuf. Die 1958 eingeweihte bedeutende Orgel schuf die Firma Rieger

lich von Bergmüller; dieses wurde nach 1944 von dem Kunstmaler Karl Manninger, Pöcking, bestens nachempfunden (1959/60).

Der Bildhauer Ehrgott Bernhard Bendl (1660–1738), der zu den angesehensten Bildhauern des Spätbarocks zählt, schuf die Kanzel, die Plastiken des heiligen Bonaventura und Antonius und die „Schmerzhafte Muttergottes" unter dem Kruzifix (1575) an der Empore.

Geöffnet: täglich 6–19 Uhr

Südlich des Klosters ist noch eine typische Häuserzeile aus dem 16. Jahrhundert erhalten, zwar ohne die so beliebte Fassadenmalerei, aber mit der alten Giebelsilhouette.

Orgelbau, Schwarzach/Vorarlberg. Vom einstigen Bilderreichtum sind u. a. noch Gemälde von Nicola Grassi, Johann Heiß, Isaak Fisches, Johann Heinrich Schön feld und Joachim von Sandrart vorhanden.

Die im Krieg zerstörte Orgel war ein Meisterwerk von Johann Andreas Stein. 1777 schrieb Wolfgang Amadeus Mozart begeistert an seinen Vater nach Salzburg, wie sehr ihm die machtvolle Orgel in der Barfüßerkirche gefallen habe.

In dem mit reichem Sternnetzgewölbe versehenen südlichen **Kreuzgangflügel** befinden sich zahlreiche Grabmäler Augsburger Familien. Direkt beim Kircheneingang sehen wir das künstlerisch wertvolle bronzene Epitaph für Markus Zäch mit der „Geißelung Christi" nach Giovanni da Bologna, 1617.

Geöffnet: 8–20 Uhr (außer Mittwoch)

Kloster St. Ursula   K6

Bei St. Ursula 5

Das Jahr 1335 gilt als Gründungsjahr des Dominikanerterziarinnen-Klosters, dessen Ursprung im Zusammenschluss von sechs Beginenschwestern „der willigen Armut" liegt. 1695 wurde die Klausur eingeführt. Seit 1969 unterhält das Kloster nur noch eine Mädchenrealschule, nachdem es zeitweise eine Werktagsschule, eine Sonntagsschule, eine Industrieschule, ein Lehrerinnenseminar und eine Grund- und Hauptschule unterhalten hatte.

Die ursprünglich spätgotische Kapelle des Klosters war wohl 1517 abgerissen und durch einen Neubau ersetzt worden, der 1720 eine barocke Veränderung erfuhr. Die Ausstattung besorgten Künstler wie die Brüder Verhelst, Johann Rieger und Michael Lotter.

Die Klosterkirche wurde 1944 völlig zerstört. 1945 bis 1949 erfolgte ein vereinfachter Wiederaufbau nach Plänen von Prof. Michael Kurz. Ein äußerst sehens-

wertes, gelungenes Kunstwerk stellt der große Altarteppich in der Klosterkirche, ein „Thronender Christus", dar. Es handelt sich um eine Arbeit aus der Klosterwerkstätte von St. Ursula.

Im frühen Mittelalter übernahmen insbesondere die Klöster die Pflege der Stickkunst, und zwar nicht nur Nonnen, sondern auch Mönche. Schon frühzeitig betrieb das Kloster St. Ursula die Stickerei, da die „Schwestern von der willigen Armut" auch von ihren Handarbeiten lebten.

Nachdem die Stickmaschinen im vorigen Jahrhundert die Handstickerei immer mehr zurückgedrängt hatten, wurden Stickereischulen errichtet, um das alte Handwerk nicht in Vergessenheit geraten zu lassen. Auch bei St. Ursula wurde viel für die künstlerische Ausbildung der Schwestern der Paramentenwerkstatt getan.

In den Räumen des St. Ursula-Klosters ist heute eine evangelische Volksschule untergebracht, die 1999 gegründet wurde. Vom alten Kirchenbau sind die Umfassungsmauern erhalten mit herzförmigen Fenstern, über dem Giebel ein achteckiges Türmchen mit flacher Kupferkuppel.

St. Margareth (kath.)   K7

Spitalgasse

Die Kirche St. Margareth war ursprünglich die Klosterkirche des Dominikanerinnenklosters, das wie St. Katharina 1280 dem Dominikanerorden inkorporiert und von den Dominikanern von St. Magdalena betreut wurde. 1521 wurde die Kirche neu gebaut. Der Rat der Stadt Augsburg schloss 1534 die Kirche und hob 1538 das Kloster mit seinen geringen Einkünften auf. Es wurde 1540 mit dem Heilig-Geist-Spital vereinigt, die Kirche den katholischen Spitalpfründnern überlassen.

Um 1720 wurde die Kirche barockisiert. Das Hochaltarbild malte Thomas Scheffler, 1740. Es zeigt Maria zusammen mit den Heiligen Margarethe, Cosmas und Damian. Ägid Verhelst schuf die beigestellten Figuren, einen heiligen Bischof und St. Florian. Die Kanzel, 1744, ziert ein Schalldeckel mit einer Weltkugel und dem Adler des Johannes. Das Deckenfresko im Mittelpunkt des Langhauses zeigt die Ausgießung des Heiligen Geistes, 1803. Der Künstler war der letzte Direktor der reichsstädtischen Kunstakademie Augsburgs, Johann Joseph Anton Huber.

Von der Margarethenstraße und vom Rabenbad zugänglich, gelangt man in den früheren Klosterhof mit einem offenen Laubengang. Hier wurde regelmäßig im Juni der Wollmarkt abgehalten (Schafwolle).

Westlich der Kirche in der Spitalgasse 8 befindet sich die Bäckerei Laxgang.

Das Anwesen hat nachweislich seit 400 Jahren eine „reale Bäckereigerechtigkeit". In der angrenzenden Bäckergasse befanden sich 1646 etwa 25 Bäckereien. Das Zunfthaus der Bäcker stand am Perlachberg. Der von Elias Holl errichtete Bau fiel 1944 den Bomben zum Opfer. Augsburgs bekanntester Bäcker ist Meister Konrad Hacker – der „Steinerne Mann".

eine barocke Neuausstattung und das große Rokokofenster. Die Stuckarbeiten stammen von den Gebrüdern Feichtmayr, das Deckengemälde und das Altarbild, das den „Hl. Antonius Eremita" zeigt, schuf Matthäus Günther (1705–1788), einer der bedeutendsten Rokokomaler Deutschlands. Der Saalraum der Kapelle ist der einzige unversehrt erhaltene Kirchenraum des Rokoko in Augsburg, heute von der russischen und rumänischen orthodoxen Gemeinde genutzt.

St. Moritz (kath.)   K9

Moritzplatz

1021 gründete Bischof Bruno, ein Bruder Kaiser Heinrichs 11., das Kollegiatstift St. Moritz. Moritz, besser Mauritius, war ein römischer Offizier und Märtyrer der legendären Thebäischen Legion. Mauritius wurde Schutzherr des Deutschen Reiches. 1178 setzte das Stift St. Moritz, ursprünglich dem Hochstift inkorporiert, eine freie Propstwahl durch. Berühmte Pröpste waren u.a. der Erzbischof und Kurfürst von Trier, Georg Franz von Schönborn (1701–1746), und der Erzbischof von Salzburg, Hieronymus Josef Graf von Colloredo-Waldsee (1759–1775).

St. Antoniuskapelle   K8

Dominikanergasse 5

Nördlich des Römischen Museums steht die Antoniuskapelle, dem heiligen Einsiedler Antonius geweiht. Ursprünglich gehörte sie zu der wohl um 1546 erbauten Jakobspfründe. Die schlichte Straßenfassade der Kapelle mit Stufengiebel und Türmchen wurde um 1590 fertiggestellt. 1746 erhielt die Kapelle

Die Stifts- und Pfarrkirche wurde bis zu ihrer totalen Zerstörung 1944 mehrmals umgebaut. Die im Kern dreischiffige romanische Kirche von 1084 blieb trotz mehrfacher Umgestaltung erhalten. Sie wurde im 15. Jahrhundert gotisiert. Der Baumeister ist unbekannt, jedoch ist nachweisbar, dass Burkhart Engelberg für das Stift St. Moritz gearbeitet hat.

Der Turmabschluss wird dem Meister Konrad Zimmermann und Thomas Krebs, der auch der Werkmeister der Fuggerei war, zugeschrieben. – Als großer Förderer der Kirche St. Moritz erwies sich das Haus Fugger. Jakob Fugger der Reiche erwarb 1518 das Präsentationsrecht auf die Predigerstelle und die Pfarrei. Die Kirche ist bis heute Patronatskirche des Hauses Fugger. Der ehemalige Friedhof an der Nordseite der St. Moritz-Kirche wurde zur Begräbnisstätte der ersten Mitglieder des Hauses Fugger in Augsburg.

1548 stiftete Herzog Albrecht V. von Bayern einen Teil der neuen Renaissanceausstattung.

Die frühbarocke Ausstattung der Kirche wurde 1631 vollzogen, der spätbarocke Umbau wurde von Johann Jakob Herkommer aus Füssen 1714/15 vollendet. Die Rokokoausgestaltung war 1764 abgeschlossen. 1944 wurde die Kirche zerstört, 1946 bis 1950 von dem damals bedeutendsten Kirchenbaumeister, Dominikus Böhm (1880–1955), Jettingen, wieder aufgebaut. Ihm ist es gelungen, aus den wenigen Resten der romanischen, gotischen und barocken Kirche einen einheitlichen Gesamtraum dem Stilempfinden des 20. Jahrhunderts entsprechend zu schaffen. Eine letzte Umgestaltung erhielt die Kirche 1965/66 unter der architektonischen Leitung von Dipl.-Ing. Alfred Back, Bobingen.

Der Kirchenraum ist im Kern noch als romanisches dreischiffiges, siebenjochiges Langhaus mit 12 Pfeilern und den aufragenden Hochwänden aus der Gotik zu erkennen.

Der **Hochaltar** wurde aus Bruchstücken und Säulenresten der romanischen Kirche komponiert. Die Figur des Altars zeigt „Christus Salvator", den der zu den bedeutendsten Bildhauern des Frühbarocks in Deutschland zählende Georg Petel 1632 schuf.

Anton Rückel, Hassfurt am Main, ein Schüler Prof. Henselmanns von der Akademie in München, war mit den bildhauerischen Arbeiten von 1966–1970 betraut. Von ihm stammen der Steinaltar in Blockform am Choreingang, links davon der Bronzetabernakel sowie eine Bronzemadonna auf einer Stele, im Chorbogen das metallene Hängekreuz mit Bronzebild „Christus als der kommende Weltenrichter auf der Innenschale". Auch den eindrucksvollen Kreuzweg schuf Rückel, ebenso wie die beiden Bronzeportale – das westliche

Hauptportal und das nördliche Seitenportal.

An der aus weißem Stein geschaffenen Kanzel (rechts vom Choreingang) befindet sich ein Hochrelief des predigenden Johannes des Täufers und das Stifterwappen des Hauses Fugger.
Künstler ist der Bildhauer Franz Hoser.
An der Westwand sind zwei Figuren des Georg Petel angebracht: der hl. Sebastian und der hl. Christophorus (Lindenholz, 187 cm). Neben diesen großartigen Arbeiten des deutschen Frühbarocks wurde bisher auch die Figur des hl. Rochus (180 cm, Lindenholz) an der Nordwand der Kirche zunächst Petel, dann H. L. Gemelich zugeschrieben. Heute gilt sie als Arbeit eines Petel-Schülers.

An der Westwand rechts und links des Portals finden wir zwei Grabmäler: links das für den Patrizier Sigismund Gossenbrot und seine Frau Anna Rehlinger (†1500 und 1530), mit Skelettdarstellung, Maßwerk und Antiquaschrift; rechts den Rotmarmorgrabstein für „Claus Hofmair, den man Apotheker nennt" (†1427).

St. Georg (kath.)   K10

Georgenstraße 18

Die ehemalige Augustinerchorherren-Stiftskirche, einer der letzten Großbauten der Spätgotik in Schwaben, entstand 1490 bis 1506 und wurde von 1681 bis 1700 barockisiert. Hans Georg Mozart baute von 1702 bis 1705 das Stiftsgebäude. 1881 wurde die barocke Ausstattung durch eine neugotische ersetzt.
Die Wiederherstellung der 1944 nur wenig in Mitleidenschaft gezogenen Kirche leitete der Augsburger Architekt Thomas Wechs (1893–1970).
Im Wesentlichen ist der dreischiffige gotische Kirchenraum erhalten. Unter der modernen Kanzel befindet sich heute eine besonders beachtenswerte

Knotensäule (*Foto*) aus der früheren romanischen Kirche. Von der barocken Einrichtung zeugen noch die Stuhlwangen des alten Gestühls. An je dem zweiten Stuhl ist das „flammende Herz", das Attribut des hl. Augustinus, zu sehen.
Das Gemälde von Johann Georg Bergmüller (1749) an der Turmwand zeigt den **hl. Augustinus**, nach dessen Regel die Chorherren von St. Georg lebten.
Den Chorraum beherrscht das spätgotische Kruzifix (1510) (die Kreuzbalken sind neu), das wohl von dem Ulmer Bildhauer Michel Erhart stammt. Den **Ambo** hat die Firma Dochtermann, Augsburg, 1968 geschaffen. Die **Plastiken** in den beiden Seitenschiffen sind in Kupfer getriebene Arbeiten von Richard Stammberger, München, 1956; links Maria mit dem Gotteskind, rechts St. Georg. Die **Chorfenster** schuf 1957 Robert Rabolt, München.
Kunsthistorisch von großer Bedeutung ist die neben dem südlichen Seitenschiff 1506 als Familienbegräbnisstätte der Herwart, einer der ältesten Patrizierfamilien, errichtete Kapelle. Die Grablege in spätgotischem Stil blieb erhalten.
Die Eule, das Familienwappen, ist mehr-

mals in der Kapelle zu sehen, so zweimal in den Gewölbeschlusssteinen und im Fußboden.

Den **Rokokoaltar** schuf Ignaz Wilhelm Verhelst, 1778/79. Dem spätgotischen Vesperbild (um 1500) wurden Heilungswunder zugeschrieben. Die Engel sind ein Werk von Ehrgott Bernhard Bendl, um 1700.

Durch die südliche Vorhalle am Turm erreicht man die **Beichtkapelle**, einen Neubau mit einer von Georg Bernhard 1957 bemalten Holzdecke. Auf dem Altar die Marmorstatue des „Salvator mundi", die Loy Hering (1485–1554) zugeschrieben wird.

Am Pfarrhaus erinnert eine Gedenktafel an Pfarrer Sebastian Kneipp, den großen Gesundheitsapostel, der 1855 an St. Georg als Kaplan wirkte.

St. Gallus (kath.) K11

Gallusplatz 7

Dem irischen Mönch Gallus (geboren um 560 in Irland, gestorben 650 in Arbon am Bodensee) war in Augsburg die Kapelle St. Gallus geweiht. Im Ursprung geht diese Kapelle auf das 11. Jahrhundert zurück. Papst Leo IX. soll sie 1051 konsekriert haben. 1589 ließ die Äbtissin Euphrosina Kreuth eine Umgestaltung der Kapelle vornehmen.

Seit 1367 bestand eine gestiftete Kaplanei, die 1578 der St. Stephans-Pfarrei inkorporiert wurde. Umgestaltungen 1589, 1662 und 1759. 1806 Schließung durch die bayerische Regierung.

Der einschiffige schmale Innenraum der Kirche weist eine zartfarbene Dekoration auf. Der Altar wurde 1760 geschaffen, zwischen den Säulen steht die Holzfigur des hl. Gallus, den Brüdern Verhelst zugeschrieben. In den östlichen Wandnischen finden wir die Holzfiguren der Heiligen Petrus und Paulus, an der Südwand die des hl. Rochus, an der Nordwand diejenigen des hl. Karl Borromäus und des hl. Franziskus, um

1700 bzw. 1760. Von der Decke des Ostjochs hängt eine Strahlenkranzmadonna, um 1760.

Geöffnet: nur am Sonntagvormittag. Nördlich der Kapelle wird auf die Stelle verwiesen, wo Martin Luther 1518 die Stadt bei Nacht verlassen haben soll – „Dahinab" genannt.

St. Stephan (kath.) K12

Stephansplatz 6, www.abtei-st-stephan.de

St. Stephan wurde nach der Gründungsurkunde Bischof Ulrichs 969 als Kanonissenstift gegründet, dessen erste Äbtissin die eigentliche Stifterin, die Jungfrau Ellensind, war. Sie liegt in St. Gallus begraben. Das Stift bestand bis zur Säkularisation im Jahre 1803. 1828 wurde das **katholische Gymnasium** in den alten Stiftsgebäuden eröffnet. König Ludwig I. von Bayern genehmigte 1834 ein Benediktinerkloster in St. Stephan, das auch das Gymnasium betreuen sollte.

Die Stifts- und Pfarrkirche St. Stephan wurde 1755–1757 von dem Baumeister Franz Xaver Kleinhans erbaut, der Stuck stammte von den Gebrüdern Feichtmayr, die Plastiken von den Brüdern Verhelst und die Deckenbilder von Balthasar Riepp.

Die barocke Pracht fiel jedoch 1944 dem Bombenhagel zum Opfer.

1950/51 wurde die Kirche provisorisch instandgesetzt, 1966 war die Neugestaltung abgeschlossen. Das überlebensgroße Kruzifix von Michel Erhart (um 1495) hängt im Chorbogen. Zu den Ausstattungsstücken zählen eine Stephanusstatue (florentinisch, um 1480) und eine Marienstatue (schwäbisch, um 1510). Den Tabernakel, Reliquienschrein, Altarleuchter und die Osterleuchte schufen Schüler des Gymnasiums St. Stephan 1966/68. Von der barocken Ausstattung stammt noch das Abschlussgitter der Vorhalle, um 1760.

St. Jakob (ev.) K13

Jakoberstraße

Im Jahre 1355 wurde die alte Jakobskapelle durch einen Neubau ersetzt, dessen äußere Gestalt bis zur völligen Zerstörung 1944 unverändert blieb, während das Innere der Kirche im 18. Jahrhundert barockisiert worden war.

1949 war die Kirche wiederaufgebaut und 1975 auch die alte Turmhaube wiederhergestellt. 1986/88 erfolgte eine vollständige Renovierung.

Der gotische Chor, der allen Zerstörungen standhielt, wurde mit der Bemalung von 1355 versehen, einer Quadermalerei in Rot, die sehr wohl erkennen lässt, dass die Jakobskapelle in früheren Jahren eine Filialkirche des Augsburger Doms war. Ganz unten an der Nordwand des Altarraums ist ein Stück der Originalbemalung noch zu erkennen.

Die Innengestaltung der seit dem Jahre 1525 evangelischen Kirche wurde 1988 unter der Leitung des Architekten Wolfgang Gsaenger von Umweltgestaltergruppen der Fachhochschule Augsburg, vor allem durch Diplom-Designer Robert Rodenwald und Clemens Brocker, vorgenommen.

Von dem Künstler Brocker stammt auch das 1990 in der Kirche aufgestellte 80 Zentimeter hohe **Altarkreuz**. Das Kruzifix aus Eichenholz und Bronze trägt nur die Andeutung eines Körpers, sichtbar als grob in das Holz eingeschnittener Brustkorb.

Von der ursprünglichen Ausstattung ist nur noch das **Altarbild** „Ankündigung der Geburt Christi", um 1525 (Donauschule), erhalten. An der nördlichen Hochwand des Altars hängt ein Stifterbild der Familien Welser und Rehlingen. Die **Jakobsfahne** (Pilgerweg/Lebensweg) schuf die Künstlerin Andrea Dresely.

Bei den Renovierungs- und Grabungsarbeiten in der Kirche wurden im Jahre 1986 Gräber und Eingangsstufen zum früheren Pilgerhospiz entdeckt. Im Hospiz versorgte man die Pilger, die nach Santiago de Compostela zum Grab des heiligen Jakobus pilgern wollten.

Für das leibliche Wohl der Pilger sorgten die Bäcker, Gemüsebauern und Metzger, zu ihrer Belustigung kamen zu den Pilgertreffpunkten Musikanten und Gaukler. So entstand rund um die St. Jakobs-Kirche das heute älteste Volksfest, die Jakober Kirchweih, die auch heute noch im Juli gefeiert wird.

Vor dem Chor der das Stadtbild im Osten dominierenden St. Jakobs-Kirche befindet sich der 1994 von Bernd Altenstein geschaffene Jakobsbrunnen.

KIRCHEN

St. Max (kath.)　　　　　　K14

Franziskanergasse 8 (nahe Vincentinum)

1609 stiftete das Haus Fugger für die Franziskaner ein Kloster und eine Kirche, die nach Plänen von Elias Holl in der Zeit von 1609 bis 1613 entstanden. 1807 wurde das Kloster säkularisiert.

Am 19. Februar 1809 erhob der bayerische König Max I. Joseph die ehemalige Klosterkirche zur Pfarrkirche. Zu Ehren des Königs erhielt sie das Patrozinium St. Maximilians, der Missionsbischof und Märtyrer der römischen Provinz Noricum war. Nach der völligen Zerstörung 1944 wurde das Gotteshaus nach Plänen des Kirchenbaumeisters Dominikus Böhm wieder aufgebaut. Die Fresken schuf Prof. Franz Nagel, die Bildhauerarbeiten von Stephan Geiger. Die Langhausdecke zeigt ein großes Fresko, das „teppichartig" die Decke verkleidet. Nach Fertigstellung der Decke schuf Nagel die Christusgestalt an der Apsiswand. Die überragende Gestalt Christi erhebt sich von der Erde. Haupt und Arme ragen in die riesengroße goldene Sonne des Himmels hinein. Der goldene Strahlennimbus taucht in die rote Symbolfarbe der Liebe. Über dem Haupt des Erlösers erscheint, wie in einer goldenen Krone: „Exsultet". An der Wölbung oben fliegen zwei Engel in rotem und weißem Kreis herbei und setzen Posaunen an.

Von der alten Ausstattung sind erhalten: das Gemälde „Allerheiligen" von Johann Rottenhammer (1614) an der Ostwand des südlichen Seitenschiffes; in der Marienkapelle eine Muttergottesfigur nach dem Gnadenbild von Maria Einsiedeln in einem modernen Glastabernakel von Karl Knappe (1950); im Chorumgang die Figuren des hl. Ulrich und des hl. Nikolaus von Ignaz Wilhelm und Placidus Verhelst, 1760. In dem an die Kirche angrenzenden Pfarrgarten steht die Steinfigur des Kirchenpatrons St. Maximilian, die sich bis 1944 an der Kirchenfassade befand.

St. Don Bosco (kath.)　　　　K15

Stadtteil Herrenbach, Don-Bosco-Platz 3

Die Kirche entstand 1960 als kreisrunder, domhaft wirkender Zentralbau mit Kuppel und zwei Türmen, erbaut von dem Augsburger Architekten Thomas

Wechs (1893–1970), ein Pionier moderner Baukunst, der schon 1933 die kath. Kirche St. Wolfgang und 1938 St. Thaddäus erbaut hatte und 1945 den Wiederaufbau der kath. St. Georgskirche leitete.

Besichtigungszeiten: außerhalb der Gottesdienstzeiten tagsüber

Herz-Jesu-Kirche in Pfersee (kath.)　　　　　　K16

Franz-Kobinger-Str. 2

Die Herz-Jesu-Kirche ist in Architektur und Bildwelt ein großartiges Gesamtkunstwerk des Jugendstils. Nachdem die Pfarrkirche St. Michael des 1911 eingemeindeten Stadtteils Pfersee zu klein geworden war, erfolgte 1907 die Grundsteinlegung für die neue Kirche

Herz Jesu anbetenden Engeln am Triumphbogen sowie dem Apokalyptischen Lamm und den klugen und törichten Jungfrauen.

Der Hochaltar besitzt einen Tabernakelaufbau mit bekrönender Kreuzigungsgruppe, darüber ein Kuppelbau auf neun Säulen aus Calacatta-Marmor; die Kuppel ist mit opalfarbigen Gemmen besetzt.

Der Glockenhalter neben der Sakristeitür und die Türgitter der Kommunionbank sind bemerkenswerte ornamentale Jugendstilarbeiten von Kunstschlosser Josef Frohnbeck, München, 1910.

Im rechten und linken Querarm Altäre von Hans Miller. Vom rechten Querarm erfolgt der Zugang zur Marienkapelle.

Im rechten und linken Seitenschiff am Anfang und Ende der Kreuzwegfresken jeweils zwei Wandgemälde von Theodor Baierl und Glasgemälde von Hans Bockhorni.

Im Langhaus, von moderner Monumentalität geprägt, befinden sich die barocken Apostelfiguren, die zu den Hauptwerken der niederbayerischen Barockplastik zählen. Die aus der Stadtpfarrkirche St. Jakob in Straubing erworbenen Figuren (1742) wurden von Josef Matthias Götz (1696–1760) einst für St. Nikolai bei Passau geschaffen.

Besichtigungszeiten: Mo–Fr 8–12 Uhr, 14–17:30 Uhr, Sa/So außerhalb der Gottesdienstzeiten. www.herzjesu.com

St. Sebastian (kath.)   K17

Sebastianstraße 24

1611 errichtete Elias Holl im Auftrag des Rates der Stadt eine Kapelle mit einem Haus für die Geistlichen, die in Pestzeiten das nahe gelegene Pest- und Sie-

Herz Jesu, deren Weihe 1910 Bischof Dr. Maximilian von Lingg vornahm. Die Innengestaltung konnte erst nach dem Ersten Weltkrieg vollendet werden.

Architekt der Kirche war Prof. Michael Kurz (1876–1957), der auch die Entwürfe für den Hochaltarbaldachin, den Tronus, die Kanzel (ausgeführt von Karl Baur) und den Schalldeckel (ausgeführt von Jakob Rehle) schuf. Den Grundriss der Kirche bildet eine dreischiffige basilikale Anlage mit vierjochigem Langhaus und breitausladendem Querschiff. Die Erscheinungsform des Innenraumes wird durch den Gegensatz zwischen dem fast schmucklosen Langhaus und der reichen malerischen Ausstattung des Chores und der Querarme bestimmt. Die Ausmalung von Christoph Böhner und Theodor Baierl zählt zu den Hauptwerken kirchlicher Monumentalmalerei in Deutschland zu Beginn des 20. Jahrhunderts.

Eine thematische Hauptkomponente des Böhnerschen Bildprogramms des Chores ist der endzeitliche Aspekt, der seinen Ausdruck findet in dem verklärt thronenden Heiland der Apsis, den das

chenhaus St. Sebastian betreuten. Dort lebten stets einige Augsburger Kapuziner aus dem Kloster zum hl. Franziskus und sel. Gualfardus. 1632 zerstörten schwedische Soldaten die Kirche und das Kloster. 1643 erfolgte ein Neubau, 1722 bis 1724 ein vergrößerter Neubau. Gegen Ende des 18. Jahrhunderts wurde das Kirchlein geschlossen, 1815 auf Bitten der Bürger wieder geöffnet, und 1843 kehrten die Kapuziner zurück, die dann zwischen 1907 und 1909 die neuromanische Sebastiankirche errichten ließen. Der Architekt war Professor Hans Benedikt Schurr.

Die Wandmalereien in der Wölbung der Hauptapsis – „Christus der Weltenrichter" – schuf Wirsching, darunter sieht man die „Legende des hl. Sebastian" von Josef Guntermann.

Über dem Chorbogen die „Anbetung des apokalyptischen Lammes" von Leonhard Thoma. Am vorletzten Pfeiler der Nordseite steht eine Holzfigur des hl. Sebastian von etwa 1650. Die große Marienstatue (um 1630) in der Vorhalle wird Hans Degler zugeschrieben.

Die Kapuziner haben sich aus dem „Franziskanischen Zentrum St. Sebastian" im Jahre 2008 zurückgezogen; nach einer Renovierung hat die Diözese das Zentrum der Kroatischen Gemeinde zur Verfügung gestellt.

St. Michael (kath.)   K18

Kath. Friedhof an der Hermanstraße

Die kath. Friedhofskirche St. Michael ist ein längsovaler Zentralbau, Turm mit oktogonalen Obergeschossen und Zwiebelkuppel, 1603/05 von Esaias Holl errichtet, vielleicht nach Plänen seines Bruders Elias Holl, 1703 im Spanischen Erbfolgekrieg schwer beschädigt und 1712 nach Wiederaufbau wieder geweiht. Es enthält wertvolle Grabdenkmäler des 18. und 19. Jh.; das Deckenfresko „Das jüngste Gericht" von Johann Joseph Anton Huber 1772 – mit 180 Figuren auf 340 Quadratmetern – wurde 2001/2002 von dem Augsburger Kirchenmaler Hermenegild Peiker rekonstruiert. Das Hochaltargemälde „Der Engelssturz" (Matthias Kager, ca. 1604) wurde restauriert.

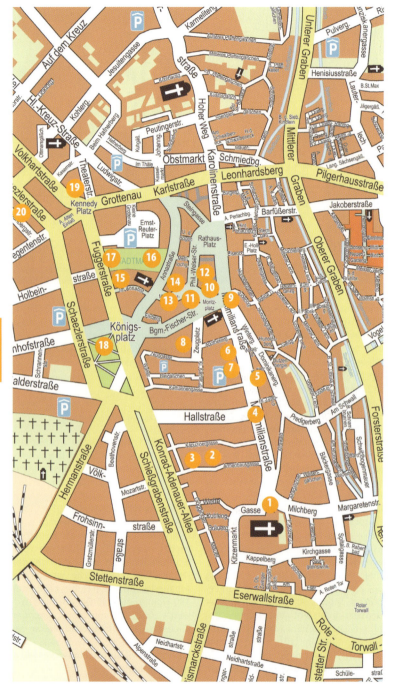

RUNDGANG 1: VON ST. ULRICH ZUM KÖNIGSPLATZ

Maximilianstraße 1

Von den Treppen der evangelischen Ulrichskirche blickt man über die beeindruckende, schönste Renaissancestraße, die Maximilianstraße, bis hin zu den gotischen Doppeltürmen des Doms. Die Maximilianstraße war bis 1806 durch das Hollsche Siegelhaus und den Wein- und Salzstadel von St. Ulrich bis zum Herkulesbrunnen zweigeteilt. Nach dem Abbruch dieser Häuserzeile erhielt der Straßenteil bis zum Rathaus den Namen des ersten bayerischen Königs, Maximilian I. Joseph, die weiterführende Straße bis zum Dom den seiner Gemahlin, der bayerischen Königin Karoline. 1957 wurde die Maximilianstraße nach dem gleichnamigen Kaiser Maximilian I. (1459–1519) genannt, der wegen seiner häufigen und langen Aufenthalte in der Stadt auch als „Bürgermeister von Augsburg" bezeichnet wurde.

Am Haus Ulrichsplatz 10 finden wir auch die Gedenktafel für Johann Andreas Stein (1728–1792), den Orgelbauer und „Erfinder" des Hammerklaviers. Ein Steinsches Hammerklavier steht im Mozarthaus. Die Familie Stein war mit derjenigen Mozarts eng befreundet. Auch Ludwig van Beethoven war Gast im Hause Stein. Die Tochter „Nanette" Stein, 1769 geboren, wurde selbst Orgelbauerin. Sie heiratete den Klavierbauer J. A. Streicher in Wien, verlegte 1794 auch die Werkstätte dorthin und leitete damit den Höhepunkt des Wiener Klavierbaus ein. Beethoven bevorzugte die Klaviere von Nanette Stein. In der Beethoven-Gedenkstätte in Wien steht ein Flügel, den „Nanette Streicher née Stein à Vienne", wie auf dem rautenförmigen Schild steht, im Jahre 1821 nach den Wünschen des Komponisten, dessen „barmherzige Samariterin und Oberhofmeisterin" sie wurde, angefertigt hat.

Im zinnenbekrönten Eckhaus Ulrichsplatz 15 kam 1873 der Chemiker und Nobelpreisträger Hans von Euler-Chelpin zur Welt.

Der Ulrichsplatz geht in die Maximilianstraße über. Das „Stiermannhaus" (der Bauunternehmer Walter Stiermann rettete das Haus vor dem Abbruch) – Maximilianstraße 83 – stammt im Kern aus dem 13. Jahrhundert. Im 16. und 17. Jahrhundert nahm man bauliche Veränderungen vor. Das Gebäude umschließt einen typischen Augsburger Innenhof, der zugänglich ist und heute gewerblich genutzt wird. Das Erdgeschoss des Hauses besitzt eine schön gegliederte Gewölbehalle und ein feines Renaissancetreppenhaus mit reichem Stuck, ausgeführt von den Wessobrunnern Gebrüder Feichtmayr. Der prächtige Freskensaal im 1. Stock (Dreikaisersäle) ist nur bei Veranstaltungen geöffnet.

In den Kellergewölben wurde das originelle Restaurant „Welser-Kuche" eingerichtet. Hier wird im Stil des 16. Jahrhunderts gekocht und gespeist. Die Rezepte stammen aus dem handschriftlichen Kochbuch der Augsburgerin Philippine Welser, der Gemahlin des Erzherzogs Ferdinand II. von Tirol.

Gegenüber an der Ecke Armenhausgasse 1 lebte der Steinmetz Burkhard Engelberg, der das Ulrichsmünster erbaute. An der Ecke Maximilianstraße 58/Kapuzinergasse steht das 1935 von der Familie Bosch erworbene Anwesen, das im Kern auf das 15./16. Jahrhundert zurückgeht. Die elegante Renaissancehofflügelseite stammt aus der Zeit um 1550.

Kathanhaus   2

Kapuzinergasse 10

Das Kathanhaus ist ein Beispiel für die viel gerühmte Augsburger Fassadenmalerei des Rokoko. Die Fassaden der Straßen- und Gartenseite zeigen religiöse und allegorische Bilder und Scheinfenster. 1960 und erneut 2002 wurde die im 18. Jahrhundert geschaffene Fassadenmalerei von Johann Baptist Bergmiller (1724–1785) restauriert, die als letztes Beispiel der früher in Augsburg weitverbreiteten barocken Fassaden gilt. Als Johann Wolfgang von Goethe 1790 durch die Stadt Augsburg spazierte, gefiel ihm der „frohe Begriff, an Häusern außen zu malen".

Wohnhaus Elias Holl   3

In der Kapuzinergasse steht das Haus Nr. 16, in dem der Stadtwerkmeister Elias Holl von 1618 bis zu seinem Tode 1646 wohnte (1944 ausgebrannt).

Elias Holl, am 2. Februar 1573 in Augsburg geboren, sollte zum bedeutendsten Architekten dieser Stadt werden, deren Gesicht er bis in unsere Zeit hinein entscheidend geprägt hat. Seine Lehrjahre als Maurer verbrachte er bei seinem erfolgreichen Vater Hans Holl. Nach der Meisterprüfung arbeitete Elias Holl zunächst für private Auftraggeber. Mit dem Augsburger Kaufmann Anton Garb unternahm er eine sechswöchige Reise nach Bozen, Verona und Venedig. Ab 1601 arbeitete er an öffentlichen Bauten, und 1602 löste er den Stadtwerkmeister Jakob Eschey ab und übernahm damit ein Amt, das er bis 1635 innehatte. Zu einer Unterbrechung der

Amtszeit kam es allerdings 1629 (Restitutionsedikt), als der Protestant Holl in Ehren aus dem Dienst der Reichsstadt entlassen wurde. Nach der kampflosen Übergabe der Stadt an die Schweden setzte man Elias Holl wieder in sein Amt ein. 1635 zogen aber wieder die Kaiserlichen in die Stadt ein, und Meister Holl wurde nun endgültig entlassen.

Die Bauten des Elias Holl bestimmen bis heute maßgeblich das Stadtbild: Stadtmetzg, reichsstädtisches Kaufhaus, Gymnasium bei St. Anna, Neuer Bau, Umbau des Perlachturms und Rathaus, Heilig–Geist-Spital und Rotes Tor, Zeughaus, Wasserturm am Gänsbühl.

Herkulesbrunnen 4

Maximilianstraße

Der Herkulesbrunnen wurde in den Jahren 1597 bis 1600 von Adriaen de Vries modelliert, danach von Wolfgang Neidhart in Augsburg gegossen und 1602 auf dem Weinmarkt vor dem Siegelhaus aufgestellt. Bis zum Jahre 1809 stand südlich des Brunnens in der Mitte der heutigen Maximilianstraße ein Gebäudezug, der bis zum Ulrichsplatz reichte und der zum Herkulesbrunnen hin mit der Fassade des Siegelhauses ausgerichtet war.

Die Fassade des Siegelhauses wurde 1604 vom Stadtwerkmeister Elias Holl prächtig neu gestaltet.

Die Anlage des Herkulesbrunnens ist dreiseitig. Die auf einer starken Standplatte stehende, drei Meter hohe Bronzegruppe zeigt den Prototypus aller Helden, den muskulösen, nackten Herkules mit der Siegerbinde in den Haaren. In seiner Hand hält er eine Flammenkeule, um das siebenköpfige, geschuppte und geflügelte Ungeheuer, die Hydra, zu erschlagen. Nach der Sage benötigte Herkules die Flammenkeule, um die Wurzeln der abgeschlagenen Köpfe zu versengen und die Hydra so zu hindern, neue Köpfe hervorzutreiben.

Dargestellt ist auf diese Weise der Sieg des Menschen über die wilde Kraft des Wassers und die Macht des Feuers.

Auf dem gesimsähnlichen Vorsprung des breiteren unteren Pfeilerblocks sitzen drei Najaden, die das Element Wasser thematisieren. Eine der Frauen wringt ein Tuch aus, eine zweite streift sich das Wasser aus dem Haar, eine dritte gießt sich aus einer Kanne Wasser auf die übereinander geschlagenen Beine. Diese drei strahlenden Frauendarstellungen sind denen des Giovanni da Bologna in Florenz sehr verwandt.

Unterhalb der vorkragenden Muschelschalen befinden sich drei Männer mit

Links vorne sitzt ein Mann mit langem Bart (dem Langbärtigen vom Augustusbrunnen sehr ähnlich), der das Sternzeichen des Steinbocks unter seinem Arm hält: Unter diesem Sternzeichen wurde Kaiser Augustus geboren.

Auf dem zweiten Relief ist die Verbindung und das Bündnis von „Roma" und „Augusta Vindelicum" dargestellt. Die behelmte Roma, auf dem capitolinischen Felsen sitzend, zu ihren Füßen Romulus und Remus, die Lupa und der Tiber, reicht der auf sie zugehenden „Augusta", mit Mauerkrone und Pinienzapfen geschmückt, die Hand. Zur „Augusta" gehören die vier Flussgötter und die Fama. Auf dem Gebälk der Triumphbogenarchitektur sitzen Amor und zwei Adler, in der Bogenöffnung steht der städteverbindende Kaiser Augustus.

Im dritten Relief zieht die Stadtgöttin „Augusta Vindelicum" mit Mauerkrone und Pinienzapfen auf dem Triumphwagen in ihre neue Stadt ein. Über dem Stadttor steht der Wohlstand verleihen die Merkur, rechts unten sitzt eine weibliche Gestalt mit dem Füllhorn des Überflusses.

Die drei Brunnen der Maximilianstraße – Augustusbrunnen, Merkurbrunnen und Herkulesbrunnen – bilden eine Trias, die die drei Stände der Reichsstadt anspricht: den Herren-, Kaufmannsund Handwerkerstand. Der Herkulesbrunnen schließt das Handwerk ein, da dieses vor allem auf die Zähmung des vielarmigen wilden Wassers und die Hilfe des Feuers, auf die Überlegenheit des menschlichen Erfindergeistes über die feindlichen Kräfte der Natur angewiesen war, da die Augsburger Handwerksbetriebe großenteils von der Wasserkraft der Kanäle abhingen.

Unweit des Herkulesbrunnens – an der Ecke Heilig-Grab-Gasse / Maximilianstraße – errichtete Elias Holl 1611 nach Entwürfen von Matthias Kager das erste **reichsstädtische Kaufhaus.**

Muscheln und Fischen in den Händen, die sie als Meeresgötter ausweisen.

Neben diesen muskulösen Männern, die nur mit ihren Oberkörpern aus dem Wasser ragen, sind drei geflügelte übermütige Putten zu sehen. Diese Knaben (ein seit der Antike bekanntes Motiv) halten hier Gänse, die sie erwürgen oder erstechen, zwischen ihren Beinen fest. Da aber aus dieser Position die Köpfe der Gänse das Wasser in hohem Bogen ausspeien, erhält das Ganze einen etwas ausgelassenen Zug.

Von großer Bedeutung sind die drei in Marmorrahmungen eingelassenen vergoldeten Bronzerelieftafeln zwischen den drei Frauengestalten. Das erste Relief zeigt, nach rechts gerichtet, die Gründung der Stadt. Ein Stier und eine Kuh, die unter das Joch gespannt sind, ziehen den Furchenpflug, mit dem die Grenze der Stadtausdehnung in die Erde gegraben wird. Die Fahne mit dem Stadtwappen wird aufgerichtet.

Roeck-Haus 5

Maximilianstraße 51

Das Roeck-Haus, Maximilianstraße 51, wurde 1769 vom fürstbischöflichen Baumeister Johann Martin Pentenrieder erbaut. Die Fassade des späten Rokoko ist erhalten, und die Fenster haben noch mundgeblasene Glasscheiben. Die geschnitzte Eichenholztür mit Rocaillen und Kaufmannsemblemen ist auf das Jahr 1769 datiert. Im Haus, das nicht zugänglich ist, befindet sich eine von dem Dillinger Maler Vitus Felix Rigl geschaffene Freskenbemalung (u. a. Jakobs Traum von der Himmelsleiter) und Stuck aus dem Feichtmayr-Kreis.

Fuggerhäuser 6

Maximilianstraße

Die Fuggerhäuser waren im 16. Jahrhundert die Zentrale einer Firma, deren Geschäftsverbindungen ganz Europa umspannten und auch nach Übersee reichten. Hier war das Hauptkontor für Jakob Fugger den Reichen, Bankier von Kaisern, Königen und Päpsten, ein Montanindustrieller, schon ein Prototyp des Frühkapitalismus. Jakob Fugger und sein Neffe und Nachfolger Anton regierten von hier aus ein merkantiles Imperium.

Im Jahre 1511 erwarb Jakob Fugger der Reiche das Haus seiner Schwiegermutter Sibylla Arzt-Sulzer, dazu das Ehingerhaus und das Kunigspergerhaus am Weinmarkt, die den Grundstock der heutigen Fuggerhäuser an der Maximilianstraße 36 und 38 bilden. 1512 bis 1515 wurden die Häuser wohl von Jacob Zwitzel, dem Nachfolger Burkhart Engelbergs, ausgebaut. Für die Bedachung der Häuser bedingte sich Jakob Fugger von Kaiser Maximilian I. gegen ein Darlehen die zollfreie Einfuhr von ungarischem Kupfer aus. Die Einführung der Kupferbedachung in Augsburg ist ein wichtiges Moment der deutschen Renaissance. Dem Augsburger Vorbild folgten (vor 1525) die Kupferkuppeln der Münchener Frauenkirche, der Ulrichsturm (1594) in Augsburg und die Bauten des Elias Holl.

Die **Fassade** der Fuggerhäuser schmückten Fresken von Hans Burgkmair, die 1761 übertüncht wurden. Zwischen 1860 und 1863 erhielt die Fassade durch den Schwabmünchner Maler Ferdinand Wagner eine erneute Bemalung, die in fünf Bildfeldern historische Szenen, meist auf das Haus Fugger bezogen, zeigte. Nicht restauriert wurden die beiden Balkons und die Dachtürmchen, die Jakob Fugger dem „deutschen Breithaus schwäbischer Art als Motive venezianischer Herkunft" (Lieb) hatte anfügen lassen.

Beim Luftangriff von 1944 wurden die Fuggerhäuser schwer getroffen. In den Jahren 1949 bis 1951 wurden sie durch den Architekten Raimund Freiherr von Doblhoff wiederaufgebaut. Die Fassade

erhielt eine schlichte Sgraffito-Kassettenmalerei.

Die Renaissancegestaltung der Fuggerhäuser zeigt sich besonders deutlich in den reizvollen Hofanlagen. Der künstlerisch wichtigste Innenhof ist der durch das Tor Hausnummer 36 erreichbare „**Damenhof**", das erste profane Bauwerk Deutschlands, in dem italienische Renaissance zur Geltung kam. Inwieweit die Bezeichnung „Damenhof" jedoch alt und begründet ist, bleibt unbekannt. Der Hofraum soll als Spielplatz für Ballspiele und dergleichen benutzt worden sein, und auf den Altanen sollen bei Festen die Musikanten gestanden haben.

Die schöne Besonderheit des Hofes ergibt sich aus der mehrseitigen Arkadenanlage. Den waagrechten Abschluss der Hofwandungen bildete eine offene Balustrade von glatten toskanischen Säulchen. Wie die Weinmarktseite der Haupthäuser war ursprünglich auch die Wandarchitektur des „Damenhofes" vollständig in Fresko bemalt. Heute erinnern an die Girlanden, Blattmasken, Putten, Pilaster und Friese nur noch Reste in den Bogenlaibungen und an verschiedenen Stellen der Außenwand.

Der Maler ist nicht sicher belegbar; möglicherweise arbeiteten mehrere Maler an der Ausgestaltung mit, etwa Hans Burgkmair oder Jörg Breu d.Ä. Der „Damenhof" wird im Sommer gastronomisch genutzt.

Westlich des „Damenhofes" liegt ein wesentlich größerer Innenhof, der zu dem dreigeschossigen Fuggerschen Komplex mit der Westfront zum Zeugplatz 7 gehört.

Der Hof hat Arkadenloggien an der West- und Südseite, im Westen ein rundbogiges Portal (um 1580) mit einer Imperatorenbüste in der Lünette. Dahinter befinden sich die fälschlicherweise als „Badstuben" bezeichneten Räume der ehemaligen Bibliothek des Hauses Fugger. An der 1944 ebenfalls wieder aufgebauten Nordseite ist über dem Portal mit dem aufgesprengten Giebel das Allianzwappen des Friedrich Carl Fürst Fugger-Babenhausen (†1979) und seiner Gemahlin Fürstin Gunilla geb. Gräfin Bielke angebracht. An der Nordostecke befindet sich ein Erker auf einer Konsole aus dem 16. Jahrhundert.

Die Räumlichkeiten in dem nach Osten gelegenen Trakt dienten als Repräsentations- und Logisräume für ständig im Hause anwesende Gäste. Hier sind vor allem Kaiser Karl V., der 1548 für ein ganzes Jahr im Hause wohnte, sowie dessen Bruder Ferdinand I. zu nennen.

Im Gefolge des Kaisers Karl V. befand sich der Maler Tizian. Er hielt sich von Januar bis Oktober 1548 und vom November 1550 bis Mai 1551 in Augsburg auf. Es entstanden u. a. die großartigen Bildnisse „Karl V. zu Pferde bei Mühlberg" (Museo del Prado, Madrid), „Karl V. sitzend" (Bayer. Staatsgemäldesammlung, München), „Philipp II. in Waffen" (Museo del Prado, Madrid) und, nach einer Vorlage gemalt, das Bild der verstorbenen Gemahlin Karls V., Kaiserin Elisabeth von Portugal (Museo del Prado, Madrid).

Durch das Tor Maximilianstraße 38 gelangt man in die zweischiffige Erdgeschosshalle mit drei Jochen Kreuzgratgewölbe über Säulen. In den Gurten sind noch Reste von gemalten Groteskornamenten zu sehen, die wahrscheinlich – wie die im angrenzenden Turnierhof noch teilweise vorhandene Architekturmalerei – von Jörg Breu d. Ä. stammen. In der Halle die Büsten von Jakob (1459–1525), Anton (1493–1560) und Raymund Fugger (1489–1535).

An der Nordseite der Halle ist über dem Türgewände mit spätgotischem Rahmen das nach einem Original von Ehrgott Bernhard Bendl gegossene Familienwappen des Hauses Fugger angebracht.

An der Südwand der Eingangshalle wird nochmals an Jakob und Anton Fugger erinnert. Anton Fugger wird als „Vater des Vaterlandes" gerühmt. Hier wird auf den Kniefall Anton Fuggers 1548 vor Karl V. in Ulm hingewiesen, mit dem dieser den Kaiser davon abhielt, die Stadt Augsburg dem Erdboden gleich zu machen. Augsburg hatte sich den evangelischen Reichsständen (dem Schmalkaldischen Bund) angeschlossen und sich damit gegen den Kaiser gestellt.

Neben dem Eingangstor an der Maximilianstraße 38 befindet sich eine Erinnerungstafel an den Aufenthalt des päpstlichen Legaten Kardinal Cajetan in diesem Hause Jakob Fuggers, wohin Martin Luther 1518 wegen seiner 95 Thesen zum Verhör zu kommen hatte. Luther wohnte damals im Kloster St. Anna.

Hotel „Drei Mohren" 7

Maximilianstraße

1714 erwarb der aus Burgau gebürtige Weinwirt Andreas Wahl, der Wirt der alten Herberge „Zu den Drei Mohren", das Grundstück des niedergebrannten Herwarthauses, das in Fuggerschem Besitz war und direkt an die Fuggerhäuser angrenzte. 1722/23 ließ Wahl von dem Münchner Johann Georg Gunetzrhainer einen mit einer prächtigen Rokokofassade ausgestatteten, vornehmen Bau erstellen. Von den stuckverzierten Giebeln der drei Balkontüren schauten drei ausdrucksvolle Köpfe herab: die heute noch erhaltenen „Drei Mohren"-Terrakotten, die dem Augsburger Bildhauer Ehrgott Bernhard Bendl zuzuschreiben sind. Wie die drei Mohren auf ein Gasthausschild kamen, ist heute nicht mehr nachweisbar. Angeblich wurden einst vier abessinische Mönche von dem Gastwirt Minner in der Stockhausgasse beherbergt. Der kalte Winter habe einen von ihnen das Leben gekostet. Die drei Überlebenden sollen danach zum Anlass für das Wirtshausschild mit den drei Mohren geworden sein.

Das Haus war auf das Edelste ausgestattet; neben den Gästezimmern gab es einen Speiseraum, einen Rittersaal, einen Tanzsaal und eine eigene Hauskapelle. Noch 1856 galt die Kapelle als „oratorium publicum", und es wurden hier Messen gelesen.

1875 bis 1877 wurde das Gasthaus um ein ehemals Fuggersches Gebäude nach Plänen des Baurates L. Leybold erweitert. 1878 ersteigerte der Groß-industrielle Ludwig August Riedinger das Hotel, das 1944 zerstört wurde. Die Drei-Mohren-AG ließ es durch den Architekten Ulrich Reitmayer 1955 wieder aufbauen. Das Hotel gehört heute zur Gruppe der Steigenberger-Hotels.

Berühmte Gäste waren u.a. Friedrich Wilhelm I. von Preußen, Giacomo Casanova, Leopold Mozart mit seinen Kindern Wolfgang Amadeus und Nannerl, Kaiser Franz II. mit seiner Gemahlin Marie Therese, Wolfgang von Goethe, König Max I. Joseph und Königin Karoline von Bayern, Richard Wagner mit Cosima von Bülow, Erzherzog Ferdinand von Österreich, König Otto von Griechenland, Zar Nikolaus I. von Russland.

Zeughaus 8

Zeugplatz

Von 1602 bis 1607 entstand das Zeughaus, das Waffenarsenal der Stadt. Die Bauleitung hatte Elias Holl, der Entwurf der prächtigen Ostfassade stammt wohl von dem Maler und Architekten Joseph Heintz (1564–1609). Der sechsgeschossige zweiflügelige Bau besitzt einen Treppenturm im Winkel. Die erhaltenen Hallen des Erdgeschosses sind mit Kreuzgrat überwölbt. In dem nach Osten ausgerichteten Haupttrakt liegt die **Toskanische Säulenhalle**, die als einer der elegantesten Räume des Stadtwerkmeisters Elias Holl gilt. Nach 1806 diente das Zeughaus als bayerisches Artilleriedepot, ab 1899 als Sitz der Hauptfeuerwache der Stadt Augsburg, seit einer umfassenden Renovierung 1978 bis 1980 als Bildungs- und Begegnungsstätte (zunächst Volkshochschule, nun Musikschule; Ausstellungen in der Toskanischen Säulenhalle, Alternativer Weihnachtsmarkt, Biergarten).

Die Ostfassade trägt die Inschrift: BELLI INSTRUMENTO, PACIS FIRMAMENTO (= Werkzeug des Krieges, Bewahrung des Friedens). Im Sprenggiebel ist der Stadtpyr (die Zirbelnuss) zu sehen. Der Bildhauer Hans Reichle (um 1570–1642), ein Schüler von Giovanni da Bologna, bossierte im Auftrag der Stadt die großartige Bronzegruppe des sieghaften Erzengels Michael über Luzifer.

Wie bei allen seinen Augsburger Schöpfungen ist es ein kraftvoll-pathetischer Stil, der durch italienische Elemente besticht. Für die **Michaelsgruppe** verbrauchte Wolfgang Neidhart (1575–1632) mehr als 198 Zentner Bronze. Er zählt zu den bedeutendsten Gießern der frühen Neuzeit. Als Stadtgießer goss er sämtliche Geschütze für das Zeugamt und war für die Fertigung aller in Augsburg anfallenden Metallarbeiten zuständig.

Merkurbrunnen 9

Maximilianstraße

Der Merkurbrunnen wurde in den Jahren 1596 bis 1599 von dem Niederländer Adriaen de Vries modelliert, vom Augsburger Stadtgießer Wolfgang Neidhart gegossen und in der heutigen Maximilianstraße auf dem Platz vor der St. Moritz-Kirche und dem Weberhaus aufgestellt.

Merkur wurde in Augsburg schon in der Antike verehrt. Als Gott des Handels soll er auf die Bedeutung der Stadt als Handelsmetropole aufmerksam machen. Die zweieinhalb Meter hohe Brunnengruppe wird dominiert von Merkur, der einen Schlangenstab (Zeichen des Glücks und Friedens) in der rechten Hand hält und auf dem Kopf einen geflügelten Helm trägt. Der geflügelte Amorknabe, mit einem Bogen ausgestattet, scheint dem Gott Merkur den geflügelten Schuh zu lösen oder zu binden. Als Vorbild für die Brunnenfigur des Merkurs darf wohl der von Giovanni da Bologna geprägte Typ des „Mercurio volante" gelten; doch der Augsburger Merkur scheint zwischen Enteilen und Bleiben zu verharren.

Der vierseitige Brunnenpfeiler steht in einem zehneckigen Becken aus Marmor. Am Brunnengesims sind zwei Rocaillekartuschen von 1752. Das Wasser fließt in dünnem Strahl aus den Bronzen am Pfeiler: zwei Hundeköpfe, zwei Medusenhäupter, zwei Löwenmasken und vier Adlerköpfe.

Von der Errichtung des Brunnens und den mehrmaligen Ausbesserungsarbeiten geben die Inschriften am Pfeilerpostament Auskunft. Selbst die Namen derer, die den Brunnen restaurieren ließen, werden hier genannt: Welser, Fugger, Rehlinger, Rembold, Stetten, Imhoff, Ammann, Ilsung, Beyer, Koch und Langenmantel. Der Original-Merkur steht im Maximilianmuseum.

Weberhaus   10

Maximilianstraße

Das Weberhaus war das Zunft- und Amtshaus der Weber am Moritzplatz.
1389 entstand im Weberhaus eine Zunftstube mit gewölbter Holzdecke und einer Wandvertäfelung, die 1437 von Peter Kaltenhofer bemalt und 1538 durch Jörg Breu d. J. erneuert wurde.
Die Zunftstube befindet sich heute im Bayerischen Nationalmuseum in München. Die Außenfresken stammten ursprünglich von dem Stadtmaler Johann Matthias Kager (1605). 1935 wurde die Fassadenbemalung von O. M. Schmitt und J. Hengge erneuert.
Nach der Kriegszerstörung wurde das Haus wieder aufgebaut. Die Freskenbemalung gestaltete wieder O. M. Schmitt. Ihre Themen: Ungarnschlacht auf dem Lechfeld und die Geschichte des Weberhandwerks.
An die Weber erinnern die beiden Inschriften am östlichen und westlichen Giebel des Hauses: „Per multa saecula usque ad dies nostros texunt textores magnificum urbis augustae vestimentum" (= Seit vielen Jahrhunderten,

bis in unsere Tage, weben die Weber das prächtige Kleid der Stadt Augsburg) und „Zwischen Handwerk und Maschinenzeit liegt der Weber Kampf und Leid". Die Leineweber bildeten die größte Handwerksgruppe der Stadt. Mit mehr als 2000 Weberwerkstätten war Augsburg vor dem Dreißigjährigen Krieg eine der bedeutendsten Textilstädte Europas.

Fuggerdenkmal 11

Fuggerplatz / Philippine-Welser-Straße

Vor dem Haus der Bankiersfamilie Köpf (Philippine-Welser-Straße 28) steht das einzige Denkmal für ein Mitglied des Hauses Fugger in Augsburg. Es ist ein Geschenk des Königs Ludwig I. von Bayern aus dem Jahre 1857 an die Stadt und stammt aus der Werkstatt Friedrich Bruggers, München, gegossen von Ferdinand von Miller. Das Denkmal stellt Hans Jakob Fugger (1516–1575) dar, der 1564 durch einen Konkurs aus der Fuggerschen Gesellschaft ausgeschieden war. Er trat in die Dienste des bayerischen Herzogs und wurde zum Geheimen Rat und Hofkammerpräsidenten ernannt.

Hans Jakob Fugger verkaufte seine etwa 12.000 Bände umfassende, außergewöhnlich wertvolle Bibliothek dem bayerischen Herzog zu einem niedrigen Preis. Die Fuggersche Bibliothek bildete den Grundstock der späteren Bayerischen Staatsbibliothek in München. König Ludwig I. erkannte den Wert der Bibliothek und ließ die überlebensgroße Figur des Hans Jakob Fugger, des „Befoerderers der Wissenschaft", gestalten.

Der König bedankte sich damals für „die warme Theilnahme und Anhänglichkeit", die ihm, seiner Gemahlin Therese und seiner 1839 in Augsburg geborenen und im Dom getauften Tochter Prinzessin Mathilde zuteil wurde, die später zur Großherzogin von Hessen und bei Rhein wurde.

Fuggerhausportale 12

Philippine-Welser-Str. 18–20

Im Jahre 1488 erwarben die Brüder Ulrich und Jakob Fugger einen Hauskomplex am Heumarkt (jetzige Philippine-Welser-Straße) und am Rindermarkt (heutige Annastraße). In diesem Fuggerhaus befand sich die berühmte „Goldene Schreibstube" Jakob Fuggers, heute durch einen Erker angedeutet.

Erst als diese Gebäude als Wohn- und Geschäftshäuser für die Familie Fugger zu klein geworden waren, erwarb Jakob Fugger die Häuser am Weinmarkt.

1944 wurden die Gebäude völlig zerstört und später durch Neubauten ersetzt. Nur die beiden spätgotischen Portale an der Anna- und Philippine-Welser-Straße behielt man bei. Die Portale haben einen korbbogenförmigen Schluss, darüber in Steinmetzarbeit das Fuggersche Lilienwappen mit zwei flankierenden bzw. zwei schildhaltenden Löwen.

An der Ecke Annastraße/Mettlochgässchen ist eine Gedenktafel zur Geschichte des Hauses Fugger angebracht.

Goldschmiedebrunnen 13

Martin-Luther-Platz

Der Goldschmiedebrunnen wurde 1912 von dem Berliner Bildhauer Hugo Kaufmann geschaffen. Stifterin des Brunnens war die Bankierswitwe Sabine Bühler. Er dient dem Gedächtnis an die Meister der berühmten Augsburger Goldschmiedezunft und der Erinnerung an ihren 1910 verstorbenen Mann, August Bühler. Die Brunnenfigur, der junge Geselle auf der Säule, der in der erhobenen rechten Hand einen vergoldeten Kupferpokal hält, trägt die fein gefältelte Tracht seines Handwerks. Er schaut hinüber zur Goldschmiedekapelle an der Annakirche. Brunnenbassin und Säule sind aus blauem Kirchheimer Granit gefertigt, acht Delphinköpfe und vier Kupferrohre dienen als Wasserspeier.

Welserhaus 14

Annastraße 25

Dieses Haus war Ende des 15./Anfang des 16. Jahrhunderts im Besitz der Familie Welser. Eine Gedenktafel erinnert an Bartholomäus Welser (1484–1561), den wagemutigen Kaufmann aus altpatrizischer Familie. Bartholomäus Welser war fast 30 Jahre lang der Besitzer von Venezuela. Noch unter seinem Vater Anton Welser erfolgte im Jahre 1505 der Einstieg in die Handels- und Expeditionsschifffahrt.

Zwischen 1518 und 1535 fuhr zeitweise ein Drittel all jener Schiffe, die von Sevilla aus den Atlantik überquerten, unter der Welserschen Flagge. 1530 wurde Bartholomäus und seinem Bruder Anton von Kaiser Karl V. Venezuela auf Lebenszeit verliehen. Im Jahre 1556 ging die Herrschaft der Welser in Venezuela jäh zu Ende, als der spanische „Indienrat" den Welsern das Gebiet aberkannte. Bartholomäus Welser gehörte von 1548 bis 1552 als Geheimer Rat zum patrizischen Regiment der Stadt Augsburg.

Das Welserhaus ist heute Teil des Maximilianmuseums.

Ehemaliges Gymnasium St. Anna 15

Im Annahof 6

Westlich der St.-Anna-Kirche baute Elias Holl 1613 bis 1625 für die 1531 gegründete evangelische Schule einen Zweckbau, der klar gegliedert eine strenge Symmetrie aufweist. Einen schönen Akzent des Walmdachbaus bildet der volutengeschmückte zierliche Ohrengiebel mit der Dachreiterglocke.

Von 1821 bis 1823 war Prinz Charles Louis Napoleon, der spätere Kaiser Napoleon III. von Frankreich, Schüler im St. Anna-Gymnasium, dem er 1867 einen Besuch abstattete.

Der ehemalige Gymnasiumsbau ist Teil des Annahofs. Die alte Sternwarte stand dort, wo jetzt der Zugang zur Tiefgarage besteht. Der Annahof wird vom Augustana-Forum verwaltet und in zahlreichen Veranstaltungen zur Diskussion aktueller Problemstellungen genutzt.

Stadtmarkt 16

Zugang von Fuggerstraße und Annastraße

Zwischen Anna- und Fuggerstraße befindet sich der 1930 eröffnete Stadtmarkt. Alle früheren Einzelmärkte wurden hier zu einem einzigen Markt zusammengeführt. Neben den reichhaltigen Angeboten der Markthallen und Stände bieten auch noch Bäuerinnen aus dem schwäbischen und bayerischen Umland Obst, Gemüse, Pilze, Eier und Blumen an. Über 100 ständige Beschicker machen ihn zum besonderen Einkaufserlebnis.

Geöffnet: Mo bis Fr 7–18, Sa 7–14 Uhr
www.stadtmarkt-Augsburg.de

Stadtarchiv 17

Fuggerstraße 12, beim Stadtmarkt

Das Stadtarchiv Augsburg ist die zentrale Anlaufstelle für die Augsburger Stadtgeschichtsforschung. Als „Gedächtnis der Stadt" und ihrer Verwaltung verwahrt das Archiv alle wichtigen amtlichen Unterlagen der heutigen Stadtverwaltung und ihrer Vorgänger. Diese Überlieferung, die bis ins 11. Jahrhundert zurückreicht und zum Teil einzigartige Dokumente, insbesondere zur frühneuzeitlichen Stadt- und Sozialgeschichte, umfasst, wird durch umfangreiche Sammlungen ergänzt.

Geöffnet: Di 8.–17; Do 8–17.30; Fr 8–12 Uhr

Königsplatz 18

Der **Königsplatz**, benannt nach König Ludwig II. von Bayern, ist heute der wichtigste Verkehrsknotenpunkt in der Innenstadt. Hier stand ursprünglich das Gögginger Tor. In den Anlagen gibt es zwei Brunnen: der 1880 von Alfred Thormann errichtete Springbrunnen, das erste Betonbauwerk Augsburgs, sowie der **Manzù-Brunnen**, der zur 2000-Jahr-Feier der Stadt von der IHK Augsburg gestiftet wurde. Der Auftrag ging an Alexander von Branca und den römischen Bildhauer Giacomo Manzù (1908-1991), der eine 2,2 m hohe Bronzefigur gestaltete, ein Mädchen, das barfuß im Brunnenbecken steht, das „Manzù-Mädchen", auch „Brunnen der Jugend" genannt.

Dom und Fronhof in einer handkolorierten Fassung des Kilianplans von 1626

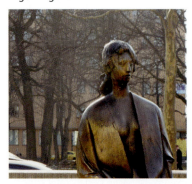

Das „Manzù-Mädchen" am Königsplatz

Theater Augsburg 19

Kennedyplatz

Am 26. November 1877 wurde das Stadttheater eröffnet, das nach Plänen der Wiener Hofarchitekten Ferdinand Fellner und Edmund Helmer im Neu-Renaissancestil erbaut wurde. Die Eröffnungsoper war Ludwig van Beethovens „Fidelio". 1938/39 ließ Adolf Hitler das Theater durch Prof. Paul Baumgarten umbauen und ausgestalten. Die Eröffnung erfolgte mit Wagners „Lohengrin" in Anwesenheit Adolf Hitlers.

Das städtebaulich wirkungsvoll platzierte Haus wurde 1944 weitgehend zerstört und ohne die dekorativen Elemente an der Fassade wiederhergestellt. Unter dem ‚Feuergeist' Hans Meissner feierte man die Wiedereröffnung mit Mozarts „Figaros Hochzeit". Dirigenten in Augsburg waren u.a. Wolfgang Sawallisch, Istvan Kertész, Hans Zanotelli, Gabor Ötvös und Bruno Weil.

Die Spielstätten des Theaters sind Großes Haus und Hoffmannkeller sowie eine Reihe Ausweichspielstätten; im Sommer auch die Freilichtbühne am Roten Tor.

Abo und Vorverkauf: 324 4900.
http://theater1.Augsburg.de

An der Ecke Fuggerstraße/Alter Einlass steht der zwischen 1871 und 1875 errichtete gewaltige spätklassizistische Baukörper des **Justizgebäudes**. Der Architekt war Th. Reuter, München.

Staats- und Stadtbibliothek 20

Schaezlerstr. 25

Das Gebäude der Staats- und Stadtbibliothek wurde 1892/93 von den Architekten Fritz Steinhäuser und Martin Dülfer im neubarocken Stil erbaut.

Die Staats- und Stadtbibliothek, die 1987 ihr 450-jähriges Bestehen feiern konnte, gehört mit 470 000 Bänden und einem wertvollen Altbestand, darunter 1 000 mittelalterlichen Codices, 2 800 Inkunabeln und 100 000 Drucken aus der Zeit vor 1800, zu den großen deutschen spätmittelalterlich-frühneuzeitlichen Sammlungen.

Geöffnet: Mo, Di, Fr 10–12:30 und 13:30–17; Mi 10–17; Do 10–12:30 und 13:30–17:30, Lesesaal jeweils bis 17:30 Uhr.

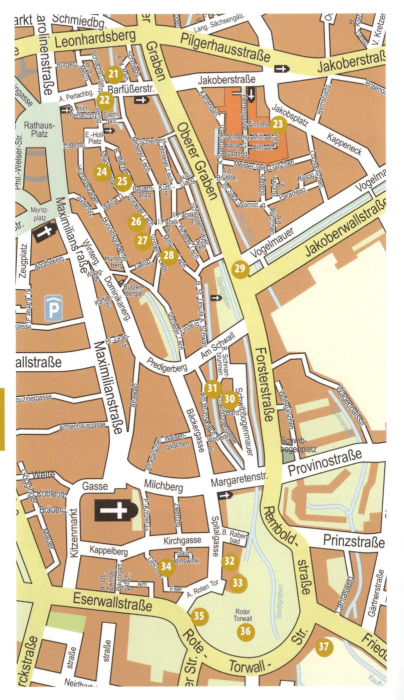

RUNDGANG 2: VON DER STADTMETZG ZUM ROTEN TOR

Stadtmetzg 21

Metzgplatz

Der von Elias Holl 1606 bis 1609 geschaffene Zweckbau, die Stadtmetzg (Verkaufs- und Zunfthaus der Metzger), hat eine schön gegliederte Fassade. Nur die aus Muschelkalk gehauenen Portalrahmungen, die mit Bukranien (Ochsenschädeln) geschmückt sind, und die Fledermausflügelvoluten am Giebel setzen dekorative Akzente.

Das Augsburger Stadtwappen an der Fassade stammt von Hans Reichle, 1610. Die Stadtmetzg galt als die modernste ihrer Zeit, da Elias Holl das technische Meisterstück gelang, den „Vorderen Lechkanal" offen unter der Stadtmetzg hindurchzuführen, so dass eine Kühlung der Fleischkeller entstand und der Kanal zur Abfallbeseitigung genutzt werden konnte. Im Untergeschoss lagen die Verkaufsbänke der Metzger, im Obergeschoss die Zunft- und Amtsstube.

Von 1710–1806 war die Reichsstädtische Kunstakademie in den Obergeschossen untergebracht, und seit 1939 dient die Stadtmetzg als städtisches Verwaltungsgebäude.

Auf alten Darstellungen des Gebäudes

wird sichtbar, dass sich vor den Südportalen eine Terrasse befand. Dort durften die Metzgerswitwen und die Kinder der ärmeren Metzger minderwertiges Fleisch, wie Innereien und die heute so beliebten Bratwürste, verkaufen.

Südlich der Stadtmetzg steht die **Kresslesmühle**, die schon 1276 im Stadtrechtsbuch als „Klessingmuel" genannt wurde. Die zwischen dem Vorderen Lech und dem Hinteren Lech gelegene ehemalige Mühle besteht aus einem Vorderhaus, dem früheren Mahlhaus, und einem Rückgebäude (1755). Die Kresslesmühle dient heute als Kultur- und Begegnungszentrum.

Östlich der Stadtmetzg führt das Schlachthausgässchen zum **Kapitelhof**, dem ehemaligen landwirtschaftlichen Hof des Domkapitels.

Hier zeigt sich eine vorbildliche Altstadtsanierung. Durch den Kapitelhof kann man spazieren und gelangt auf der Ostseite durch eine Tür und den Steg am Zusammenfluss zweier schnell fließender Lechkanäle zum Bert-Brecht-Haus.

Georgsbrunnen 22

Metzgplatz

Die lebensgroße Figur des hl. Georg wurde 1565 von dem Rotschmied Veit Dietsch gegossen. Die Figur stand ursprünglich gegenüber dem alten Rat-

Daucher vermutlich in der Werkstatt von Urban Labenwolf gegossen.

Die Brunnenfigur stellt das einzige erhaltene Beispiel Augsburger Bronzegroßplastik der Renaissance dar.

Alte Silberschmiede 24

Pfladergasse 10

Die Alte Silberschmiede ist eines der ältesten erhaltenen, noch beruflich genutzten Handwerkerhäuser im Lechviertel. Es stammt aus der Mitte des 16. Jahrhunderts und wurde 1670 erstmals von einem Goldschlager erworben, der damit die Tradition der Gold- und Silberschmiede begründete.

Das dreiachsige Giebelhaus enthält eine vertieft liegende Werkstatt im Erdgeschoss und darüber zwei frühere Wohnungen. Der Zugang zu allen Geschossen erfolgt vom Garten aus; die beiden Obergeschosse sind über eine außen angehängte, überdachte Holztreppe zu erreichen.

Die Augsburger Goldschmiede besaßen vom 16. bis ins späte 18. Jahrhundert internationalen Ruf. Viele der in Augsburg hergestellten Kunstwerke sind in

haus. 1833 kam sie auf den Metzgplatz und dann vor den Ostchor der St. Jakobskirche; 1993 kehrte sie an ihren Standort vor der Stadtmetzg zurück; 2003 restauriert. Auf dem Brunnensockel in alle Himmelsrichtungen wasserspeiende Masken, in denen sich Mitarbeiter des städtischen Hochbauamts verewigten. Der Reiterharnisch entspricht der Zeit um 1550 und wurde wohl von einer Turnierrüstung abgegossen.

Neptunbrunnen 23

Jakobsplatz

Nahe bei der Fuggerei steht auf einem Brunnensockel Augsburgs älteste Brunnenfigur, der jugendliche Meeresgott Neptun mit Dreizack und einem Fisch in der Hand. Die fast lebensgroße Bronzefigur wurde um 1536 nach einem Modell von Hans

zahlreichen europäischen und außereuropäischen Museen ausgestellt.

Goldschmiede hatten eine Sonderstellung unter den Handwerkern, da sie sehr wertvolle Materialien zu verarbeiten hatten.

Augsburger Gold- und Silberschmiedearbeiten sind im Maximilianmuseum und im Diözesanmuseum zu besichtigen.

Die Stadt Augsburg übergab 1977 die Alte Silberschmiede der Firma Bartel & Sohn, die sie wieder zu blühendem Leben erweckte.

Pfladermühle 25

Pfladergasse 7–13

Die Pfladermühle gehört zu den ältesten in Augsburg nachweisbaren Betrieben.

Im Stadtrechtsbuch von 1276 erwähnt, vermachte sie Bischof Siegfried IV. von Augsburg 1288 testamentarisch dem Hochstift Augsburg, das diese Mühle dann bis in das Jahr 1802 innehatte.

In der Mühle wird heute kein Korn mehr gemahlen, sondern es werden Produkte zur Gesundheitsvorsorge hergestellt. Eine moderne Sonnenuhr schmückt die Fassade. Im kleinen Hof an der Pfladergasse steht ein prächtiger Ginkgo-Baum.

Gignoux-Haus 26

Vorderer Lech 8

Am Haus befindet sich eine Gedenktafel für die Kattunfabrikantin Anna Barbara Gignoux (1725–1796). Sie war die Tochter des evangelischen Goldschlagers Koppmair. Nach dem Tod ihres Ehemannes, des Kattunmanufakturbesitzers Johann Friedrich Gignoux, wurde sie 1760 Alleininhaberin des florierenden Unternehmens.

Ihr zweiter Mann, Georg Christoph Gleich, versuchte sie aus dem Geschäft zu drängen. Es kam zu einem Prozess, in dem ihr die technische Leitung des Betriebes zugesprochen wurde. 1764/65 ließ Gleich den eleganten, aber sehr teuren Fabrikbau hier am Vorderen Lech errichten. Nach dem Konkurs und der Flucht ihres Mannes übernahm Anna Barbara 1771 im Namen ihrer Kinder wieder die Leitung der Kattunfabrik und baute sie zur drittgrößten in Augsburg aus. Nach ihrer Scheidung nahm sie wieder den Namen Gignoux an.

Die ehemalige Kattunfabrik und das Wohnhaus der Familie Gignoux wurden 1764/65 unter Zusammenziehung mehrerer Gebäude des 16. Jahrhunderts von Leonhard Christian Mayr errichtet.

Die fein gegliederte Anlage besteht aus zwei dreigeschossigen Flügeln, die im rechten Winkel zueinander stehen. An den Fenstern der Obergeschosse und am Giebel findet sich Fassadenstuck, der den Gebrüdern Feichtmayr zugeschrieben wird. Das Portal ist von Pilastern und Giebeln gerahmt, und über dem Portalbogen wurde eine Wappenkartusche angebracht. An der Nordostecke des Südflügels ein oktogonaler Erker mit einer Kupferkuppel.

Von 1946 bis 2010 war im Gignoux-Haus das Schauspielhaus „Komödie" untergebracht.

Holbeinhaus 27

Vorderer Lech 20

Hier stand bis zur Zerstörung 1944 das Wohnhaus der Künstlerfamilie Holbein. Darin lebten Hans Holbein d. Ä. (1465–1524) und seine beiden Söhne Ambrosius (1494–1519) und Hans d. J. (1496 Augsburg–1543 London). Hans Holbein d. J. gilt als das bedeutendste Mitglied der Künstlerfamilie. Er wurde 1537 Hofmaler Heinrichs VIII. in England. Bedeutende Werke von Hans Holbein d. Ä. sind u. a. in der Staatsgalerie Altdeutsche Gemälde (Eingang Schaezlerpalais) und im Augsburger Dom zu bewundern.
Seit 1996 hat die Stadt Augsburg das

Holbeinhaus dem Kunstverein Augsburg überlassen. Regelmäßig finden hier wechselnde Ausstellungen zeitgenössischer Künstler statt.

Kunstverein Augsburg e.V.:
www.Kunstverein-Augsburg.de

Südlich des Holbein-Hauses im Haus Vorderer Lech 15 schrieb der Nationalökonom Friedrich List (1789–1846) sein Hauptwerk „Das nationale System der politischen Ökonomie" (1841). Von 1814 bis 1844 war er Mitarbeiter an Cottas „Allgemeiner Zeitung" in Augsburg.

Färberhaus 28

Mittlerer Lech 48

An das Gewerbe der Tuchfärber erinnern noch Orts- und Häuserbezeichnungen wie Färbergässchen. Da die Färber vom Wasser der Lechkanäle abhängig waren, errichteten sie ihre Häuser am Hinteren, Vorderen und Mittleren Lech. Das Färberhaus am Mittleren Lech 48, im Kern aus dem 16./17. Jahrhundert, besitzt nach Süden einen mehrstöckigen Trockenspeicher mit auskragendem Balkon, von dem die zu trocknenden Tuchbahnen herabgelassen wurden.

Vogeltor 29

Oberer Graben

Das Vogeltor ist ein Außentor der Stadtmauer, das im Zusammenhang mit der Errichtung der Jakobervorstadt gebaut wurde. 1374 wurde am neu angelegten Stadtgraben ein Tor mit Brücke aufgeführt. 1445 brach man das alte Tor ab und baute – möglicherweise auf Veranlassung des Bür-

Schäfflerhof mit Schäfflerbrunnen 30

Schwibbogengasse 9

Ein Altstadtidyll stellt der Schäfflerhof mit dem Schäfflerbrunnen dar. Den Brunnen gestalteten der Augsburger Architekt Alfred Hofmann und der Künstler Christian Angerbauer. Vier Tafeln auf dem Brunnenbecken zeigen Motive aus dem Schäfflerhandwerk, auf der Mittelsäule des Brunnens sind tanzende Schäffler dargestellt, und gekrönt wird die Säule durch das Augsburger Stadtwappen, die Zirbelnuss.

Die Schäffler bildeten auch in Augsburg eine eigene Zunft; im Jahre 1475 hatte diese 31 Mitglieder. Während der Zeit des Zunftzwanges wurde streng unterschieden zwischen den „Feinbindern", zu denen die Schäffler zählten, und den „Grobbindern", den Küfern. Die Schäffler pflegten ein reges Brauchtum, und in vielen Städten gab es Umzüge und Tänze der Schäffler – der bekannteste Schäfflertanz dürfte derjenige der Münchner sein.

1920 gab es in der Schwibbogengasse auf sechs Häuser drei Schäffler.

Das erdgeschossige Werkstattgebäude stammt aus dem frühen 17. Jahrhundert. Mit seinem auffallenden Krüppel-

germeisters Conrad Vögelin – das heute noch bestehende Tor.

1632 bis 1635 erfolgte eine Modernisierung der Wallanlage unter schwedischer Besatzung, um 1880 der Abbruch der Brücke und die Einebnung der Bastion. 1944 brannte das Tor teilweise aus; 1954 wurde es wieder aufgebaut. Um eine Verbreiterung des Straßenzuges „Oberer Graben" durchführen zu können, musste neben dem schmalen Tor eine zusätzliche Durchfahrt entstehen. Es wurde ein Gebäude zwischen Tor und Stadtmauer abgebrochen und durch einen offenen, überdachten Wehrgang ersetzt. Am Vogeltor ist heute noch das seit 1538 bestehende kleine Wehr und ein sich drehendes Wasserrad zu sehen. Vom Vogeltor aus sieht man über ein Stück der alten Stadtmauer hinweg auf das barocke Türmlein des Klosters St. Ursula.

walm ist das breite Giebelhaus eines der letzten seiner Art in Augsburg.

Das dahinter liegende Wohnhaus, um 1550 erbaut, zeigt auffällige zweistöckige Dachgeschoss-Zwerchhäuser, die Zwerchhausgiebel mit Volutensilhouette. Das Wohngebäude ist noch mit einer – heute seltenen – „Himmelsleiter" ausgestattet: ein durchgehendes, geradeläufiges Treppenhaus über zwei Stockwerke.

Wasserrad am Schwalllech 31

an der Schwibbogengasse

Das 1944 zerstörte alte Wasserrad (erbaut im Jahre 1840) der Schreinerei Fassold wurde 1986 auf Initiative von Walter Settele und der Handwerkskammer für Schwaben originalgetreu nachgebaut und demonstriert die frühe Energiegewinnung. Mit seinen 40 Schaufeln dreht sich der sechs Tonnen schwere Koloss leicht um den mächtigen Wellbaum.

Das Wasserrad wurde von den Mühlenbaumeistern Oskar und Walter Schuhmann aus Oberthulba erbaut und am 24. September 1986 durch Bundeskanzler Dr. Helmut Kohl in Betrieb genommen.

Heilig-Geist-Spital und Augsburger Puppenkiste 32

Spitalgasse 15

Das Heilig-Geist-Spital, das letzte Bauwerk des Stadtwerkmeisters Elias Holl, errichtet in den Jahren 1623 bis 1631, ist in seiner schlichten Architektur von städtebaulicher Bedeutung. Die Vierflügelanlage diente als Altersheim, in das man sich einkaufen konnte. Eine kleine Krankenanstalt stand damals zur Versorgung der Insassen zur Verfügung.

Die große Erdgeschosshalle des ehemaligen Spitals ist eine dreischiffige Pfeilerhalle mit 39 Kreuzgewölben. Die beiden südlichen Joche wurden als Kirche für die evangelischen Spitalinsassen ausgestaltet. Ihre Ausstattung stammt vorwiegend aus dem 18. Jahrhundert: Holzverkleidung der Altarmensa, die Kanzel mit Evangelistenfiguren und Heiliggeisttaube; aus der Zeit um 1700 datieren der an der Decke aufgehängte schwebende Engel und die Gemälde aus der Nachfolge Johann Heinrich Schönfelds: Verkündigung, Anbetung der Hirten, Auferstehung, Pfingsten und Büßende Magdalena.

Die Kirche gehört zur ev. Ulrichgemeinde. Jeden Sonntag dient sie der Altkatholischen Gemeinde als Gotteshaus.

Geöffnet: Sonntags während der Gottesdienstzeit.

Siehe auch: Puppenkiste S.38, Museum Die Kiste S. 60

Wassertürme, Brunnenmeisterhaus 33

Rabenbad 6

Zwischen dem Heilig-Geist-Spital und den beiden Wassertürmen befand sich eine Amtswohnung der Stadtbrunnenmeister, das „Haus mit den Fischen".

Die beiden Wassertürme (der große von 1410, der kleine von 1470) und der Spital- oder Kastenturm (1599) in der

Ostmauer des Heilig-Geist-Spitals waren die Hauptbrunnenwerke, die das Altstadtgebiet mit Wasser versorgten.

Von hier floss das durch kunstvolle Pumpwerke in die Hochbehälter beförderte Wasser mit natürlichem Gefälle in die ursprünglich gusseisernen und dann hölzernen Leitungen. Augsburg hatte schon 1412 eine öffentliche Wasserversorgung. Es gab 309 private und 24 öffentliche Brunnen in der Stadt.

Wasserzins musste auch damals schon bezahlt werden. Wer sich um die Stadt besonders verdient gemacht hatte, bekam ein „freies" Wasserrohr.

Im 18. Jahrhundert modernisierte der berühmte Brunnenmeister Caspar Walter (1701–1769) die Anlage. Der **Kastenturm**, der wie der große Wasserturm eine kunstvoll angelegte Doppel-Wendeltreppe hat, ist zugänglich und wird als Handwerksgalerie genutzt.

Zum Kastenturm gelangt man über den Arkadeninnenhof des Heilig-Geist-Spitals auf dem Weg zum ehemaligen **Brunnenmeisterhaus**, in dem seit 1985 das **Schwäbische Handwerkermuseum** untergebracht ist.

2011 beschloss die Stadt Augsburg, sich mit dem Thema „Wasser" um den Welterbe-Titel der **Unesco** zu bewerben, denn kaum eine Stadt in Europa hatte so früh eine so ausgeklügelte Wasserversorgung wie Augsburg.

Ulrichsgasse 1

Der Ulrichsstadel war ein Teil des Wirtschaftshofes des Benediktinerklosters St. Ulrich und Afra. Nach einer im Gebälk eingekerbten Jahreszahl wurde der Stadel 1683 erbaut. Im Erdgeschoss befand sich der Stall, im Dachraum der Heuboden. Nach der Säkularisation und der Umwandlung des Klosters zur Kaserne diente der Stadel als Pferdestall für das 4. Bayerische Chevaulegers-Regiment „König" (leichte Kavallerie).

Von der gesamten Klosteranlage blieb nur der Stadel erhalten. Im Zuge der Altstadtsanierung des Ulrichsviertel kam es zu einem „Tauziehen um den Ulrichsstadel", das mit der Entscheidung für seinen Erhalt endete. Die Freie Evangelische Gemeinde, die allein von den freiwilligen Gaben ihrer Mitglieder lebt, erwarb den Stadel. Nach einer gründlichen Sanierung dient er nun als Gemeindezentrum. Bei der Sanierung und der neuen Nutzung blieb der rustikale Charakter des Gebäudes erhalten. So blieb ein interessantes Zeugnis für landwirtschaftliches Bauen in der Vergangenheit bewahrt und zugleich ein stilvolles kirchliches Zentrum geschaffen.

Im Dachgeschoss mit dem sehenswerten freitragenden Dachstuhl aus

Die Freilichtbühne am Roten Tor: Im Sommer Musik von Oper bis Pop.

wuchtigen Balken wurde der Kirchenraum für 180 Personen untergebracht, im Erdgeschoss entstanden mehrere Gruppenräume.

Geöffnet: Zu den Gemeindeveranstaltungen, www.Augsburg-mitte.feg.de. Tel. 1598802

Freilichtbühne am Roten Tor 35

Die Augsburger Freilichtbühne ist im westlichen Wallgraben des Roten Tores vor der großartigen Kulisse der etwa um 1543 entstandenen Bastei angelegt. Freilichttheater wurde bereits 1928 vor der Kirche St. Ulrich und Afra aufgeführt. Am 3. August 1929 eröffnete die Freilichtbühne am Roten Tor ihre Pforten mit der Aufführung des „Nachfolge-Christi-Spiels" von Max Mell. Einer der Fürsprecher einer Freilichtbühne war Otto Falkenberg. Am 31. August 1929 hatte die Oper „Fidelio" von Ludwig van Beethoven Premiere. Große deutsche und ausländische Sänger und Dirigenten traten hier auf.
Gespielt wird von Mitte Juni bis Ende Juli: Opern, Operetten, Musicals sowie Gastspiele.

Besucherservice Mo–Fr 9–18:30, Sa 10–16 Uhr, Tel. 324-4900. http://theater1.Augsburg.de/

Rotes Tor mit Wallanlage   36

Das Rote Tor, vor 1428 auch „Haunstetter Tor" genannt, war das wichtigste Außentor im Süden der Stadt, für den Verkehr in Richtung Tirol und Italien. Hier befand sich auch eine Zollstelle.
Tor und Befestigungsanlagen wurden mehrfach erweitert. Hier verlief zur Römerzeit die von Kaiser Claudius (41–54) angeordnete befestigte Straße „Via Claudia Augusta", die von Altinum (nördlich Venedig) bis zur Donau bei Donauwörth führte.
Das Rote Tor, die Wallanlage und das

Heilig-Geist-Spital bilden das schönste erhaltene Ensemble, das Elias Holl geschaffen hat. 1611 errichtete Holl hier ein Streichwehr und eine Geheimstiege, 1622 konzipierte er das Rote Tor neu. Die Brücke wurde 1777 durch den Werksmeister Johann Christian Singer gebaut.

Siehe auch Kräutergärtlein, unter Natur

Schülesche Kattunfabrik
Hochschule für angewandte
Wissenschaften   37

Rote-Torwall-Straße / Friedberger Str. 2

Johann Heinrich Ritter von Schüle (1720–1811) eröffnete 1759 eine Manufaktur, in der er Rohkattune aus England und Ostindien verarbeitete.

1768 entschied der Kaiser einen Streit zwischen den Webern und den von Schüle angeführten Fabrikanten um den Schutz der einheimischen Webwarenproduktion zugunsten der Unternehmer. 1770/72 ließ sich Schüle von Baumeister Leonhard Christian Mayr einen schlossartigen Fabrikpalast erbauen, eine dreiflügelige Anlage mit Schaufassade. In der Schüleschen Textilfabrik liefen seit 1780 die ersten Baumwollspinnmaschinen auf dem Kontinent. Der hier produzierte „Augsburger Zitz" hatte Weltruf.

Nach Schüles Tod wurde die Fabrik von der Lotzbeckschen Tabakmanufaktur übernommen. Seit 1843 diente der Bau zunächst als Bahnhofshotel am dortigen Kopfbahnhof der ersten Eisenbahnlinie Augsburg-München, 1863 kauften die Textilwerke Nagler & Sohn die Anlage. Nach Teilabriss und Umbau ist hier 2007 die Hochschule für Angewandte Wissenschaften eingezogen.

Das monumentale barocke schmiedeeiserne Tor befindet sich heute am Fronhof beim Dom, allerdings ohne den mächtigen Wappenschmuck.

Die Schülesche Kattunfabrik ist ein Denkmal der Augsburger Textilindustrie, dokumentiert im Textilmuseum tim. Die Skulptur im Vordergrund erinnert an eine Pferdeschwemme.

RUNDGANG 3: DOM, SYNAGOGE, WEHRANLAGEN

Der Hohe Dom (kath)   👁 **5, S. 21**

Brunnenanlage vor dem Dom   38

Hoher Weg

An der Südrampe des Ostchores des Doms befindet sich seit 1986 ein beeindruckender Brunnen, das letzte Werk des Bildhauers Prof. Josef Henselmann (1898–1986). Über einem dreischenkligen Brunnenbecken stehen die Bistumspatrone St. Afra, St. Simpert und St. Ulrich.

Bischof Ulrich, hoch zu Ross, gestiefelt und gespornt, mit Mitra, Stola und dem Kreuz in der erhobenen rechten Hand, wird als Verteidiger der Stadt Augsburg während der Lechfeldschlacht im Jahre 955 dargestellt.

Die hl. Afra, die den Feuertod erleidende Märtyrerin, ist an einen Baumstamm gefesselt, an dem Flammen emporzüngeln.

Bischof Simpert wird als der Beschützende gezeigt, der seine Hände über das von einem Wolf unversehrt zurückgebrachte Kindlein hält. Aus zwei bron-

Die Ortsheiligen Simpert, Ulrich und Afra

zenen Fischmäulern (der Fisch ist das Attribut des hl. Ulrich) strömt Wasser in den Brunnen.

Alle drei Bistumspatrone haben ihre letzte Ruhestätte in der Basilika St. Ulrich und Afra.

Ehemalige Bischofsresidenz am Fronhof   39

Peutingerstraße

Der Fronhof umfasst den Bereich zwischen der früheren bischöflichen Residenz, dem Dom am Hohen Weg und der Peutingerstraße, wo der Platz durch das prachtvolle Hofgitter (von Michael Endres, 1770) der Schüleschen Kattunfabrik begrenzt wird. Gegenüber steht das ehemalige Hofkastenamt mit einem Wappenstein von 1497, heute Sitz des Finanzamts Augsburg-Land.

Der älteste Teil der Bischofspfalz ist der 1507 errichtete Burggrafenturm am südlichen Fronhof. In einem Stübchen „hoch oben auf der Pfalz" hat im Jahr 1518 Albrecht Dürer den zum letzten Mal in Augsburg weilenden Kaiser Maximilian I. (1495–1519) gezeichnet.

Das heutige Erscheinungsbild der ehemaligen bischöflichen Residenz geht auf das 18. Jahrhundert zurück, die zwischen 1740 und 1752 barockisiert wurde. Fürstbischof Joseph Ignaz Philipp von Hessen-Darmstadt ließ 1752 einen Nordflügel mit Festsaal und „Prunkaufgang" nach Plänen von Franz Xaver Kleinhans (1699–1776) durch Baumeister Ignaz Paulus ausführen.

Die Ausmalung des Treppenhauses stammt von der Hand des katholischen Direktors der Reichsstädtischen Kunstakademie Johann Georg Bergmüller (1688–1762). Die stuckierte Decke des Rokokosaales mit vier Gemälden von Johann Georg Bergmüller wurde 1944 zerstört. Die Wandverkleidung schuf 1752 der Münchner Künstler Jakob Gerstens.

An der Stelle dieses Festsaales befand

len getragene Balkon wurde 1789 nach Plänen von Ignaz Ingerl hinzugefügt, wohl zur Erinnerung an den Besuch des Papstes Pius VI., der vom 2.–6. Mai 1782 in Augsburg weilte. Papst Pius VI. wurde von Clemens Wenzeslaus empfangen, dem Erzbischof und Kurfürsten von Trier, der von 1768–1812 Bischof von Augsburg war.

Seit 1817 hat die Regierung von Schwa-

sich im Vorgängerbau der Kapitelsaal der Augsburger Bischöfe. Hier war am 25. Juni 1530 die Confessio Augustana, das „Augsburgische Bekenntnis", vor Kaiser Karl V. und den Reichstagsmitgliedern durch den kursächsischen Kanzler Dr. Christian Baier verlesen worden. Luthers engster Mitarbeiter und Verfasser der Schrift, Philipp Melanchthon, berichtete dem auf der Veste Coburg weilenden Reformator von den Geschehnissen. Nahe dem 30 m hohen „Pfalzturm", wo West- und Nordflügel aneinander stoßen, ist eine Erinnerungstafel angebracht.

Über dem Prachtportal der ehemaligen Residenz verewigte sich Bischof Joseph I., Landgraf von Hessen-Darmstadt (1740–1768). Die Rocaillekartusche zeigt das von zwei Löwen gehaltene Wappen des Fürstbischofs mit der – lateinischen – Inschrift: Diese fast verfallende bischöfliche Residenz erneuerte, erweiterte und schmückte aus Josef I., Bischof von Augsburg, des Heiligen Römischen Reiches Fürst, Landgraf von Hessen, im Jahre des Heils 1743.

Des Bischofs hessisches Wappen und der Kurfürstenhut des letzten Augsburger Fürstbischofs Clemens Wenzeslaus von Sachsen (1768–1812) krönen die Schauseite. Der von ionischen Säu-

ben ihren Sitz in der ehemaligen fürstbischöflichen Residenz. Im Jahre 1876 ließ die Stadt Augsburg im Fronhof ein Denkmal von Kaspar von Zumbusch errichten. Es erinnert an den Krieg gegen Frankreich 1870/71 und an die Gründung des Deutschen Reiches. Auf einem schwarzen Syenitsockel steht ein siegreicher deutscher Krieger, ein schwebender Genius hält die Kaiserkrone empor.

Die Putten am Sockel verkörpern das Gewerbe (Flügelrad und Hammer), die Wehrkraft (Schwert und Schild), die Arzneikunst (Wassermuschel) und die Geschichte (Buch).

Auf dem Fronhof ist in ihren Grundmauern die ehemalige dreischiffige Dompfarrkirche St. Johannes der Täufer erkennbar, die um 960 von dem Augsburger Bischof Ulrich erbaut wurde.

Sie diente bis zur Säkularisation als Taufkirche, wurde 1805 als Gefange-

Mozart-Stele im Fronhof

nenlager benutzt und 1808 ebenso wie die Drei-Königs-Kapelle abgebrochen.

Der Domfriedhof wurde zum Exerzierplatz bayerischer Soldaten.

1930 legte man dann die Grundmauern der St.-Johannes-Kirche frei. Möglicherweise befand sich an dieser Stelle bereits eine frühchristliche Taufkirche aus dem 6./7. Jahrhundert, die über einem Taufbrunnen der Römerzeit entstanden war.

Der Augsburger Bischof – Dr. Konrad Zdarsa ist am 8. Juli 2010 von Papst Benedikt XVI. zum Bischof von Augsburg ernannt worden – residiert heute in der ehemaligen Domkustodie am Hohen Weg 18 gegenüber dem Ostchor des Doms. Die Domkustodie erbaute 1761 der Baumeister Franz Xaver Kleinhans (1699–1776) für den Domherrn Graf Johann Leopold von Khevenhüller. Der zweigeschossige Bau besitzt einen geschweiften Giebel mit Vasenaufsätzen, über dem Portal eine Kartusche mit dem bischöflichen Wappen. An der Nordwestecke steht in einer Baldachin-Nische eine Muttergottesfigur aus dem 18. Jahrhundert.

Unweit des bischöflichen Palais, am Hohen Weg 30, entstand 1986 in seiner ursprünglichen Form das Hohenleitner-Haus (im Krieg bis auf die Fassade zerstört) das heutige Haus St. Ambrosius.

Es ist die Heimat der „Augsburger Domsingknaben". Der Gartenpavillon ist mit einem Deckenfresko von Matthäus Günther, 1755, geschmückt.

Peutingerhaus 40

Peutingerstraße 11

Das dreigeschossige Eckhaus mit der im 18. Jahrhundert neugestalteten Fassade wurde 1515 von Konrad Peutinger erworben und blieb bis 1719 in Familienbesitz. Konrad Peutinger stammte aus einer Kaufmannsfamilie, studierte in Italien Rechtswissenschaften und war von 1495 bis 1534 als „Stadtschreiber" (d.h. Chef der Stadtverwaltung) für die Reichsstadt Augsburg tätig. Besonders Kaiser Maximilian I. und Kaiser Karl V. schätzten Peutinger sehr. Wirtschaftspolitisch stand Peutinger auf der Seite der Handelsgesellschaften und verteidigte die Zinsnahme und Kartellbildung.

In den Reformationsstreitigkeiten bemühte er sich um einen mittleren Weg. Er gründete eine „Sodalitas literarum", publizierte historische Quellenwerke und sammelte römische Münzen und Steindenkmäler.

Im Hof des Hauses sind noch Reste des von Peutinger angelegten Antikenlapidariums zu sehen: vier römische Grabsteine, ein römisches Grabrelief und ein mittelalterlicher jüdischer Inschriftstein.

Am Haus sind drei Gedenktafeln angebracht: eine für Konrad Peutinger,

die zweite für Martin Luther, der am 10.10.1518 an seinen Freund Spalatin aus Augsburg berichtete: „Ich habe bei Conrad Peutinger, dem Doktor, einem Bürger und Mann, ... zu Abend gegessen, welcher sich meine Angelegenheit ganz außerordentlich empfohlen sein lässt, wie auch andere Ratsherren."

Die dritte Tafel erinnert an Johann Adlhoch (1884–1945). Nach einer Schreinerlehre kam dieser mit der christlichen Arbeiterbewegung in Kontakt. 1910 wurde er Bezirkssekretär des Katholischen Arbeitervereins in Weilheim, 1919 Generalsekretär des Verbandes der Katholischen Arbeiter- und Arbeiterinnenvereine in Augsburg. Seit Januar 1933 war er für kurze Zeit Reichstagsabgeordneter der Bayerischen Volkspartei. Auch nach der Machtergreifung Adolf Hitlers kämpfte er kompromisslos in Wort und Schrift gegen das NS-Regime. Dies führte zu Verhaftungen und KZ-Aufenthalten, zuletzt 1944 in Dachau. Infolge der Strapazen auf dem Evakuierungsmarsch am 26. April 1945 nach Bad Tölz starb er unerkannt in einem Lazarett in Freimann.

Gollwitzerhäuser 41

Volkhartstraße 14–20

Karl Albert Gollwitzer (1839–1917) wirkte an der Gestaltung des Stadtbilds im 19. Jahrhundert entscheidend mit. In der Volkhartstraße entstanden gründerzeitliche Mietshäuser in orientalisch-maurischem Stil. Gollwitzer ließ die Häuser mit phantasievollen Schmuckformen und Bögen, filigranen Balkongittern, zinnenbekrönten Turmaufbauten und minarettartigen Giebeln ausschmücken.

Prinzregentenbrunnen 42

Prinzregentenplatz

Die große Brunnenanlage wird von der Bronzefigur des auch in Augsburg beliebten Prinzregenten Luitpold von Bayern (1821–1912) beherrscht. Das Werk wurde von dem Münchner Bildhauer Franz Bernauer geschaffen und 1903 eingeweiht. Die Bronzefigur lieferte L. A. Riedinger aus Augsburg. An den vier breiten Seiten des Brunnen-Piedestals befinden sich die Hochreliefs der vier bayerischen Könige: Max I. Josef, Ludwig I., Max II. und Ludwig II.

Die Brunnenfigur sollte im Zweiten Weltkrieg für Rüstungszwecke eingeschmolzen werden und wurde deshalb demontiert. 1950 entdeckte man sie dann auf einem Hamburger Schrottplatz, und die Stadt Augsburg löste sie für DM 3.500 aus.

Hauptbahnhof 43

Viktoriastraße

1843 bis 1846 entstand nach Plänen des Architekten Friedrich Bürklein der Hauptbahnhof, ein lang gestreckter zweigeschossiger Zweckbau im spätklassizistischen Stil. Die 1988 renovierte Bahnhofsempfangshalle ist die älteste noch in Betrieb befindliche Bahnhofsempfangshalle einer Großstadt.

1986 wurde auf dem Bahnhofsplatz ein **Brunnen** aufgestellt, den der Augsburger Bildhauer Theo Bechteler geschaffen hat. Der Schalenbrunnen mit einem achteckigen Betonbecken von acht Metern Durchmesser besitzt am

äußeren Rand Relieftafeln aus Bronze. Der Mittelpfeiler ist mit einem Bronzeblech verkleidet. Aus römischen Krügen rinnt Wasser; daneben sind italienische Landschaftsreliefs zu sehen.

Über der Bronzeschale mit drei Metern Durchmesser erhebt sich eine Säule, die mit Akanthusblättern verziert ist. Aus der abgerundeten Spitze steigt ein Wasserstrahl auf, der über die Schalen strömt und dann ins Becken fällt.

Synagoge und Jüdisches Kulturmuseum 44

Halderstraße 8

Juden sind in Augsburg erstmals 1212 belegt, eine Synagoge für 1298. Sie befand sich am südlichen Rand der damaligen Bischofsstadt, im Bereich des heutigen Obstmarkts. Die blühende Gemeinde verfügte über einen Friedhof von regionaler Bedeutung, ein Tanzhaus und ein eigenes Badehaus.

Ihre vergleichsweise günstige Situation verschlechterte sich am Ende des Mittelalters. 1348/49 wurde unter Ausnutzung der Angst vor einer Pestepidemie nahezu die gesamte Gemeinde erschlagen. Die wieder zugelassenen Juden verpflichtete die Stadt 1434 zur Kennzeichnung mit einem gelben Ring, 1438 wies der Magistrat sie alle aus der Stadt. Danach war vierhundert Jahre lang keine jüdische Gemeinde mehr in der Reichsstadt zugelassen.

Erst im Zuge der Emanzipation konnte sich im 19. Jahrhundert eine neue Gemeinde bilden, die der Zuzug aus den Landjudengemeinden des Umlandes rasch vergrößerte. Als Synagoge nutzte sie seit 1858 ein Privathaus in der Wintergasse, das aber schon bald zu klein wurde. 1912 beschloss deshalb die Gemeinde den Neubau einer Synagoge auf dem 1903 erworbenen Grundstück an der Halderstraße. Die Münchner Architekten Fritz Landauer und Dr. Heinrich Lömpel schufen zwischen 1914 und 1917 ein Gemeindezentrum mit einem überkuppelten Kultraum im Geist der jüdischen Renaissance, der zu den bedeutendsten Synagogen dieser Zeit in Deutschland, ja Europa zählt.

In den frühen Morgenstunden des 10. November 1938 („Reichskristallnacht") verwüsteten Nationalsozialisten den Kultraum und setzten ihn in Brand, löschten das Feuer aber wieder, um die umliegenden Häuser von Nichtjuden zu schützen. Von der NSDAP zweckentfremdet überstand der entweihte Bau die NS-Zeit im Äußeren unzerstört als einzige Großstadtsynagoge in Bayern.

1963 konnte die neue Kultusgemeinde den einstigen Trausaal zu einer kleinen Werktagssynagoge umbauen. Die Große Synagoge wurde nach fast zehnjähriger Restaurierung am 1. September 1985 wieder eingeweiht. Ihre Wiederherstellung und die gleichzeitige Gründung des Jüdischen Kulturmuseums als eines der ersten jüdischen Museen in der Bundesrepublik sind das Lebenswerk des damaligen Präsidenten der Israelitischen Kultusgemeinde Schwaben-Augsburg, Senator Julius Spokojny (1923–1996).

Die 2006 neu eingerichtete Dauerausstellung dokumentiert die reiche Kultur und wechselvolle Geschichte der Juden in Augsburg und Schwaben seit dem Mittelalter bis heute. Gezeigt werden u. a. kostbare Ritualgegenstände, wie sie in der Synagoge und in den jüdischen Familien Schwabens in Ge-

RUNDGANG 3

brauch waren: darunter über 20 Tora-Schilder aus zerstörten jüdischen Gemeinden Schwabens. Eingebettet in ihren historischen Kontext vermitteln sie anschaulich die einstige Bedeutung der jüdischen Gemeinden Schwabens. Interaktive Medien und Hörstationen sowie eigene Kinderstationen ergänzen die Präsentation. Den Höhepunkt des Museumsrundgangs bildet der Blick von der Frauenempore aus in die Synagoge.

Auf quadratischem Grundriss erhebt sich eine 29 m hohe Kuppel nach byzantinischem Vorbild. Sie ist mit orientalisch anmutenden Ornamenten überzogen. Hebräische Schmuckschrift setzt inhaltliche und gestalterische Akzente. An der östlichen Stirnseite sind die fünf hohen Feste des jüdischen Jahres symbolisch dargestellt. An der Emporenbrüstung verweisen sechs Medaillons auf die Zwölf Stämme Israels. In dem nach Osten, nach Jerusalem, ausgerichteten Tora-Schrein werden die Tora-Rollen aufbewahrt. Darüber erhebt sich in einer Halbkuppel ein Mosaik mit Davidstern und den Gesetzestafeln. Stufen führen zur Estrade, dem erhöhten Raum mit dem Tora-Schrein, in dessen Mitte das Lesepult (Bima) steht, rechts und links eingerahmt von je einem siebenarmigen Leuchter (Menora), der von einem geflügelten Greifen gehal-

ten wird. Vor dem Tora-Schrein brennt ein Ewiges Licht.

Die Embleme in den Gewölbezwickeln sind von Schriftbändern umgeben, die sich auf Talmud- und Tora-Stellen beziehen.

Öffnungszeiten für Synagoge und Jüdisches Kultusmuseum: Di–Fr 10–15 Uhr, So 10–17 Uhr, Führungen: Tel. 513658. www.jkmas.de

Industrie- und Handelskammer für Augsburg und Schwaben 45

Stettenstr. 1+3; siehe auch Lettl-Atrium

Die IHK besteht seit über 150 Jahren als Selbstverwaltungskörperschaft der gewerblichen Wirtschaft im Regierungsbezirk Schwaben mit Sitz in Augsburg und vertritt rund 100.000 Unternehmen aus Industrie, Handel und Dienstleistung.

Die in den 70er Jahren errichteten Bauten der Kammer wurden im Jahre 2002 um einen dritten Gebäudekomplex ergänzt, in dem das neue Veranstaltungs-Center untergebracht ist. Das gesamte Gebäudeensemble wurde durch die Augsburger Architektengemeinschaft a3 realisiert.

Gießhaus 46

Am Katzenstadel 18

Im Bereich der heutigen Straße „Am Katzenstadel" stand das Zeughaus der Stadt Augsburg, das nach einem Brand 1601/1602 von dem Stadtwerkmeister Elias Holl wieder aufgebaut wurde.

Von diesem Bau existiert nur noch der wuchtige Kanonenbohrturm mit Zeltdach und Laterne sowie eine zweigeschossige Halle mit zwei Schiffen und drei Jochen mit Kreuzgratgewölben. Die Halle ist heute in das 1803 von Anna Barbara von Stetten gestiftete Mädcheninstitut integriert.

Die kinderlose, evangelische, verwitwete Patrizierin Anna Barbara von Stetten stiftete 1803 80.000 Gulden für eine Töchterschule mit Pensionat und Aussteueranstalt in ihrem Wohnhaus am heutigen Martin-Luther-Platz, das 1961 abgebrochen wurde (heute Kaufhaus Karstadt). 1969 wurde der Neubau am Katzenstadel bezogen.

Wertachbruckertor 47

Am Katzenstadel

An einer Wertachbrücke mit einer Zollstelle entstand 1370 ein Turmneubau, der 1402 von Chuonrat bemalt wurde. Das Tor hieß ursprünglich „Rotes Tor". 1605 baute es der Stadtbaumeister Elias Holl um und erhöhte den Turm um zwei Stockwerke, die er mit einem flachen Zeltdach und einer zierlichen Laterne abschloss. 1843 wurde auf der Innenseite eine Nische zur Aufnahme

einer Marienstatue angebracht. Das Tor wurde 1989 saniert und renoviert. Die von der Alt-Augsburg-Gesellschaft gestiftete Sonnenuhr ist ein Entwurf von Prof. Ernst Göhlert, ausgeführt von dem akademischen Maler Alfons Dörschug.

Am 10. Oktober 1805 zog der französische Kaiser Napoleon I. durch dieses Tor in die Stadt Augsburg ein. Eine Darstellung des Einzugs ist auf der Vendôme-Säule in Paris zu finden.

Am Wertachbruckertor erinnert eine kleine Tafel an den Geburtstag König Ludwigs II. von Bayern am 25. August 1845 sowie an den Geburts- und Namenstag von dessen Großvater Ludwig I., der am selben Tag des Jahres 1786 in Straßburg das Licht der Welt erblickte.

Fischertor 48

Frauentorstraße

Die erste urkundliche Erwähnung des damaligen Außentores erfolgte 1328. Bis 1438 hieß das Tor „Burgfeldtor" oder „Lorhubentor" nach dem Schäffler Lorhub. Das Tor führte in die Vorstadt der Fischer am Senkelbach.

Seit der Mitte des 15. Jahrhunderts trägt das Tor die Bezeichnung „Fischertor". Es wurde 1609 durch Elias Holl umgebaut, 1703/04 im Spanischen Erbfolgekrieg völlig zerstört. Das heutige zweigeschossige Tor ist ein neubarocker Bau aus den Jahren 1924/25.

Eine seitliche Treppe führt zum „Lueginsland":

Hexenbrunnen am Lueginsland

Bastion Lueginsland 49

Am Lueginsland

Der Name leitet sich von der exponierten Lage des Geländes ab, das eine freie Sicht (luegen) über das nördliche Lechtal und die Industriegebiete des frühen 19. Jahrhunderts erlaubt.
Bei der Sanierung der um 1430 gebauten Wallanlage 1954 legte man den Seerosenbrunnen an – in der Beckensohle des Brunnens ist eine aus Ziegeln gepflasterte Seerose zu erkennen.
Der **Hexenbrunnen** am Lueginsland wurde 1925 von dem Bildhauer Fritz Beck geschaffen.

Schwedenstiege, Steinerner Mann 50

Zugang vom Unteren Graben oder Schwedenweg

Auch dieser Teil der Stadtmauer wurde 1609 von Elias Holl umgebaut und erhöht.
Im Jahre 1632 legte die schwedische Garnison am unteren Graben in Höhe des Oblatterwalls einen Weg mit einer

Brücke an, um über den Stadtgraben schneller auf die Ringmauern zu gelangen. An diese Zeit erinnert heute die „Schwedenstiege". Am Fuße des Treppenaufgangs ist einer der beiden von Konsul Bernheimer gestifteten venezianischen Wandbrunnen zu finden (der zweite steht am Roten Tor).
In einer Nische des Dohlenturms an der Schwedenmauer steht die bekannteste Sagengestalt Augsburgs, der „Stoinerne Ma" (Steinerne Mann). In der Zeit des Dreißigjährigen Krieges soll während der Belagerung der Stadt durch kaiserlich-bayerische Truppen im besonders kalten Winter 1634/35 und der folgenden Hungersnot der Bäckermeister Konrad Hacker mit einem Brotlaib auf die Stadtmauer gestiegen sein, um ihn den Belagerern zu zeigen und diese über die Versorgungslage zu täuschen. Die Feinde hätten ihn mit einer Kanonenkugel so schwer am rechten Arm getroffen, dass er dieser Verletzung erlegen sei. Die Belagerer aber wären daraufhin abgezogen. Bereits 1635 soll zu seiner Erinnerung diese mächtige Sandsteinfigur aufgestellt worden sein.
In den Augsburger Steuerbüchern ist der Bäcker Konrad Hacker und ab 1635 seine Witwe Felizitas tatsächlich nachweisbar. Es starben damals 12.000 Bürger vor Hunger und Kälte.
Wenn heute Liebespaare sich etwas wünschen und dabei die Nasenspitze der Steinfigur berühren, soll der Wunsch in Erfüllung gehen. Der Augs-

Die Familie Brecht bewohnte den ersten Stock und die beiden Dachkammern, die „Mansarde". Hier entstanden Brechts erste Werke wie „Baal" und „Spartakus". 1943 schrieb Brecht in Amerika das Gedicht „Augsburg – Ein Frühjahrsabend in der Vorstadt": „Die vier Häuser der Kolonie sehen weiß aus in der Dämmerung / Die Arbeiter sitzen noch vor den dunklen Tischen im Hof …"

burger Dichter Bert Brecht hat in seiner „Mutter Courage" mit der stummen Kathrin, die die Stadt Halle errettet, dem Augsburger „Steinernen Mann" ein literarisches Denkmal gesetzt.

Brecht-Wohnhaus 51

Ecke Bleichstraße/Bert-Brecht-Straße

Nördlich des Oblatterwalles in der Georg-Haindl-Straße ist Westeuropas größter Zeitungspapierhersteller, die ehemalige Firma Haindl Papier, heute UPM Kymmene Corporation angesiedelt. Elisabeth Haindl, die Witwe des Firmengründers Georg Haindl, ließ 1880 an der Bleichstraße vier Stiftungshäuser von Stadtbaurat Ludwig Leybold erbauen. Ähnlich der Intention der Fuggerei-Stiftung sollte von dem, „was mit dem Segen Gottes durch Umsicht und Fleiß erworben, dürftigen Mitmenschen" Anteil gegeben werden.
Jede Wohnung umfasste einen kleinen Vorraum, 3 Zimmer, Küche, Keller und Gartenanteil; die Jahresmiete betrug etwa 25 bis 30 Prozent des sonst üblichen Preises. In der Papierfabrik Haindl war Bert Brechts Vater angestellt und stieg bis zum kaufmännischen Leiter auf. Er wurde auch Verwalter und Pfleger der **Haindlschen Stiftung** und wohnte mit seiner Familie in dem Stiftungshaus Ecke Bleich-/Bert-Brecht-Straße, wo eine Gedenktafel an Bert Brecht erinnert.

Jakoberbrunnenturm 52

Gänsbühl

1608 errichtete der Stadtwerkmeister Elias Holl diesen Brunnenturm mit Sprenggiebeln über den vier Fenstern des Obergeschosses und breiten, von übergroßen Triglyphen bekrönten Pilastern. Er steht am Gänsbühl, wo zeitweise der Gänsemarkt der Stadt abgehalten wurde.
Am Haus Gänsbühl 31–33 befinden sich Steinreliefs, die den Kaiser Maximilian I. und seinen Enkel Kaiser Karl V. zeigen.

Fünfgratturm 53

Untere Jakobermauer

Der Fünfgratturm ist ein um 1455 ge-

Durch dieses Tor zog der Schwedenkönig Gustav II. Adolf am 24. April 1632 in Augsburg ein. In der Durchfahrt des Tores befindet sich ein Steinbild des Kaisers Sigismund. An der Westseite des Tores ist das steinerne Stadtwappen, die Zirbelnuss, zu sehen.

Jakoberwall und Jakobervorstadt 55

Obere Jakobermauer

bauter Turm mit fünf Spitzen – vier runden Scharwachtürmen und einem hohen Zeltdach –, der im Volksmund „Fünffingerlesturm" genannt wird. Der freistehende Turm war ursprünglich in die östliche Stadtmauer eingebunden und einer der Mauertürme, die in großer Anzahl zwischen den Haupttürmen und den Stadttoren aufgereiht waren. 1974 wurde das Dach saniert und mit handgestrichenen Mönchs- und Nonnenziegeln eingedeckt.

RUNDGANG 3

Jakobertor 54

Jakobertorplatz

Durch das Jakobertor, eines der wichtigen Außentore der Stadt, führte die Verkehrsverbindung nach Bayern.
Es wurde erstmals 1346 urkundlich erwähnt, 1462 mit einem Fallgitter ausgerüstet. Die ursprüngliche Form des Tores ist noch erhalten: ein vierseitiger Unterbau mit spitzen Torbögen und einem zweigeschossigen Oberbau mit hohem Zeltdach.

1542 wurde hier eine Rundbastei mit einem Turm errichtet, den 1619 Elias Holl ausbaute. 1908 wurde der gesamte Jakoberwall in eine öffentliche Grünanlage umgewandelt. An dieser Eckbastion der Jakobervorstadt erhielten sich noch Reste der alten Stadtmauer. Die Jakobervorstadt entstand im Laufe des 13. Jahrhunderts östlich des alten Stadtkerns. Hier hielt man die raumaufwendigen Märkte wie Ross-, Sau- und Rindermarkt ab. Die Jakobervorstadt galt bis zum Ende des 18. Jahrhunderts als Wohnbezirk armer Leute. Nach der Frauenvorstadt befand sich hier die größte Ansiedlung von Webereien des für Augsburg bedeutenden Gewerbes. Die Wohnverhältnisse der Weber waren denkbar schlecht, die Weber zumeist verarmt.
Die älteste Augsburger Dult, schon 967 von Kaiser Otto I. bezeugt, die Michaelidult, wurde 1883 in die Jakobervorstadt verlegt und auf der Jakoberstraße abgehalten. Heute finden Frühjahrs- (Osterdult) und Herbstdult (Michaelidult) an der Jakobermauer zwischen Jakober- und Vogeltor statt.

Burgkmairhaus 56

Mauerberg 31

Ehemaliges Wohnhaus des Malers und Zeichners Hans Burgkmair (1473–1531). Bedeutende Werke des großen Augsburger Künstlers können in der Staatsgalerie Altdeutsche Gemälde in der ehemaligen Kirche des Katharinenklosters (Zugang durch das Schaezler-Palais) besichtigt werden.

Wehrtürme und Unterer Brunnenturm am Mauerberg 57

Springergässchen 4–10

Dieser „Thurm auf dem Horn" war ursprünglich Teil der Stadtbefestigung. Im 16. Jahrhundert wurde er als Brunnenturm ausgebaut und um 1550 die „Machina Augustana", ein Schneckenförderwerk nach dem archimedischen Schraubsystem, eingesetzt.
1684 wurde der Turm auf die heutige Höhe aufgestockt. Das Werk am Unteren Brunnenturm war bis 1879 das zweitgrößte Wasserwerk der Stadt. Im Haus Springergässchen 8 lebte von 1893 bis 1897 der Erfinder Rudolf Diesel.
Zu Füßen des Turmes am Mittleren Graben steht das Haus „Bei den Sieben Kindeln". An dem Anwesen befindet sich ein provinzialrömisches Steinrelief *(Foto unten)*, wohl die Langseite eines Erotensarkophags aus dem 3. Jahrhundert, das sechs spielende Kinder zeigt; das siebte Kind war ertrunken.
1900 wurde in diesem Haus Walter Brecht, der Bruder Bert Brechts, geboren; 1902 erfolgte der Umzug der Familie Brecht in die „Kolonie".

Kleiner Goldener Saal 58

Jesuitengasse 12

1581 erfolgte die Grundsteinlegung für den Bau des Jesuitenkollegs St. Salvator. Großzügige Schenkungen des Hauses Fugger ermöglichten seine Errichtung. 1773 hob Papst Clemens XIV. zwar den Jesuitenorden auf, doch das Kolleg bestand zunächst unter der Führung von Weltpriestern weiter, bis es 1807 offiziell geschlossen wurde.
Die Gebäude des Gymnasiums und des Kollegs fanden als Kaserne, die Kirche als Reitschule Verwendung. 1872 wurde die Kirche abgerissen. Heute erinnert nur noch der ehemalige Festsaal der „Marianischen Kongregation", der „Kleine Goldene Saal", an das Jesuitenkolleg.
1763 war die Aula erweitert und mit einem Kostenaufwand von 30.000 Gulden ausgestaltet worden. Damit waren Johann Michael Feichtmayr als Stuckator und Matthäus Günther als Maler betraut; Günther war 1762 katholischer Direktor der Städtischen Kunstakademie geworden.
Das Deckenbild des Saales, als großer Mittelspiegel von vier Eck-Kartuschen umgeben, stellt die „Weissagung des Jesaja" dar.
Der Saal wird als Konzert- und Vortragssaal genutzt; eine Besichtigung ist im Rahmen von Veranstaltungen möglich.

RUNDGANG 3

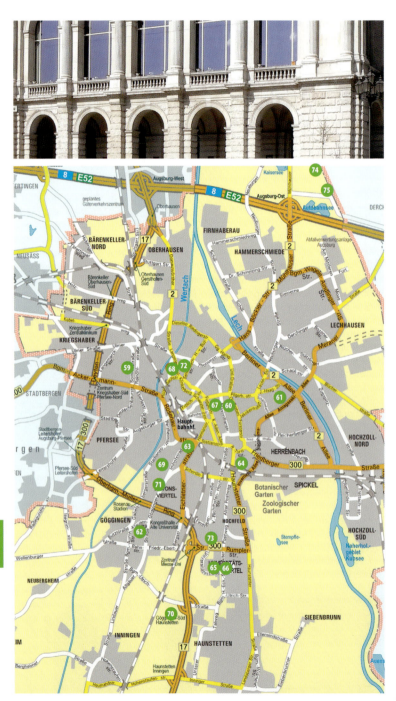

Das Parktheater im Kurhaus Göggingen ist ein Glanzstück der Augsburger Kulturlandschaft

KULTUR, WISSENSCHAFT, SPORT

Theater Augsburg   S. 89, 98

Kulturhaus Abraxas   59

Sommestr. 30

Aus dem ehemaligen amerikanischen Offiziersheim der Somme-Kaserne entstand 1995 ein Kulturzentrum mit Theater (150 Plätze), Ausstellungshalle, Ateliers, Musik-Übungsräumen und Restaurant. Das Akronym steht für „Ausstellungshalle mit Bühne, Restaurant und Ateliers für eXperimente in Augsburg Sommestraße". Seit 1996 finden hier vielfältige Musik- und Theaterdarbietungen sowie Ausstellungen statt.

Tel. 324-6355, www.abraxas.Augsburg.de
Der Berufsverband Bildender Künstler Schwaben Nord und Augsburg e.V. hat hier seine Geschäftsstelle, Tel. 4443361,
www.kunst-aus-schwaben.de

Kresslesmühle   60

Barfüßerstr. 4,
Bürozeiten: Mo–Fr
11–19 Uhr. Tel. 37170,
Tickets 36215, www.
kresslesmuehle.de

Das Kulturhaus Kresslesmühle hat sich von einer Begegnungsstätte zu einem renom-
mierten Zentrum für Kleinkunst und Kabarett entwickelt (Kabarett-Tage im Frühjahr und Herbst, Poetry Slam).

S'ensemble Theater   61

Kulturfabrik, Bergmühlstr. 34, Tel. 3494666,
www.sensemble.de

Das S'ensemble Theater wird seit 1996 von einem gemeinnützigen Theaterverein getragen. Seit 1998 spielt das S'ensemble Theater auch auf der „kleinen Augsburger Freilichtbühne" in der Anlage des Jakoberwallturms. Seit 2000 betreibt das S'ensemble Theater eine eigene Spielstätte für zeitgenössisches Theater (viele Uraufführungen) in der Kulturfabrik.

Parktheater im Kurhaus Göggingen   62

Göggingen, Klausenberg 6, Tel. 9062211
www.parktheater.de

1880 erweiterte J. F. Hessing seine Orthopädische Heilanstalt in Göggingen um eine Kuranlage am Klausenberg, mit deren Gestaltung er den Architekten Jean Keller beauftragte. Zentrum des Parks wurde das „Gesellschaftshaus mit Wintergarten" mit einer in Neurenaissance-Formen gehaltenen Fassade.
Der Bau ist ein bedeutendes Denkmal deutscher Ingenieurkunst und war von Anfang an mit moderner Bühnentechnik, elektrischer Beleuchtung und zentraler Wasserversorgung ausgestattet.

KULTUR

Das Haus, das 500 Besuchern Platz bot, war gedacht für die wohlhabenden Patienten der Hessingklinik und als Ergänzung des Augsburger Stadttheaters. In der Sommersaison fanden Theater- und Operettenaufführungen statt. 1925 musste der Theaterbetrieb eingestellt werden und das Haus wurde zu Tanzveranstaltungen und ab 1942 auch als Kino benutzt. 1945–1949 produzierte die „Neue Musikbühne" Ralph Maria Siegels hier Operetten, anschließend waren hier die „Kurhaus-Lichtspiele". 1972 zerstörte ein Brand das Gebäude, das 1973 als denkmalgeschützter Bau von der Stadt Augsburg erworben wurde. Ab 1988 erfolgte eine Sanierung und Rekonstruktion.

Am 1. Februar 1996 erlebte das Haus seine Wiedereröffnung als „Parktheater Augsburg", wo inzwischen zahlreiche hochkarätige Gastspiele stattfinden.

Das Kurhaus ist, soweit Veranstaltungen dies zulassen, täglich von 9–18 Uhr zur Besichtigung geöffnet. Der Eintritt ist kostenlos. Hinweise für Sonder- bzw. Gruppenführungen unter Tel. 906 2215. Kartenbüro: 906 2222. www.parktheater.de

Kongresshalle, Hotelturm, Reichenberger Brunnen   63

Gögginger Straße

Die Augsburger Kongresshalle wurde zwischen 1964 und 1972 im Wittelsbacher Park errichtet; Architekt war der Stuttgarter Max Speidel. Der Kongresshalle schließt sich einer der höchsten Hoteltürme Europas (118 m) an, der ein

Hotel und Appartements beherbergt. – Auf dem Platz vor der Kongresshalle steht seit 1980 der Reichenberger Brunnen.

Augsburg hat 1955 die Patenschaft für die Deutschen der Stadt und des Bezirks Reichenberg übernommen. Die Sudetendeutschen schenkten der Stadt Augsburg den von Dr. Egon Hartmann, Münchner Stadtplaner und selbst Reichenberger, gestalteten Brunnen. Die Reliefdarstellungen auf der Brunnensäule stellen einen Überblick über die Geschichte der nordböhmischen Stadt an der Görlitzer Neiße dar.

In der Konrad-Adenauer-Allee 39 befindet sich die **Reichenberger Heimatstube** und das Archiv mit Erinnerungsstücken, die das reiche kulturelle Erbe der Sudetendeutschen aufzeigen.

Geöffnet: Di und Fr 9–14 Uhr und nach telefonischer Vereinbarung, Tel. 312707

Das Heimatmuseum für Stadt und Landkreis Neudek zeigt Erinnerungsstücke aus dem Sudetenland – speziell dem Gebiet Neudek.

Von-Cobres-Straße 5 (Volksschule Göggingen-West), Geöffnet: Letzter Samstag im Monat 14–17 Uhr oder nach tel. Vereinbarung, Tel. 84683

Hochschule für angewandte Wissenschaften   64

Baumgartenstraße 16

Gemäß dem Bayerischen Fachhochschulgesetz wurde am 1. August 1971 die Fachhochschule durch Zusam-

menführung des Rudolf-Diesel-Polytechnikums und der Werkkunstschule gegründet, heute Hochschule für angewandte Wissenschaften. Sie umfasst Allgemeinwissenschaft und Informatik, Architektur und Bauingenieurwesen, Elektrotechnik, Maschinenbau, Betriebswirtschaft und Gestaltung.

Universität Augsburg   65

Universitätsstraße 2

Die Universität Augsburg gliedert sich in eine katholisch-theologische, eine juristische, eine philosophisch-sozialwissenschaftliche, eine philologisch-historische, eine wirtschaftswissenschaftliche, eine mathematisch-naturwissenschaftliche Fakultät und eine Fakultät für Angewandte Informatik. Sie unterhält rege internationale Beziehungen und pflegt Partnerschaft mit den Universitäten Pittsburgh (USA), Osijek (Kroatien), Iasi (Rumänien) und Chabarowsk (Russland). Sie bietet außerdem zur Fort- und Weiterbildung ein Kontaktstudium für Berufstätige an. Die Universitätsbibliothek umfasst etwa 2 Millionen Bände und über 450.000 weitere Medien. Ihr größter Schatz ist die berühmte Oettingen-Wallerstein-Bibliothek mit wertvollsten Handschriften, Musikalien und Druckschriften.

Informationen unter www.uni-Augsburg.de

In unmittelbarer Nähe zur Universität liegt das

Staatsarchiv   66

Salomon-Idler-Straße 2, Am Universitätsplatz, geöffnet Mo, Mi, Do 8–16, Di 8–19, Fr 8:30–13:30, Tel. 59963-30

Das Staatsarchiv sammelt folgende Bestände: Territorien und Institutionen des ehemaligen Schwäbischen Reichskreises und Vorderösterreichs, die zu Beginn des 19. Jh. an Bayern gefallen sind (u. a. Hochstift und Domkapitel Augsburg, Fürststift Kempten), dazu staatliche Mittel- und Unterbehörden sowie Gerichte im Regierungsbezirk Schwaben ab Anfang 19. Jh., rund 20.900 laufende Meter mit ca. 2,9 Millionen Archivalieneinheiten.

Stadtbücherei   67

Ernst-Reuter-Platz 1, Mo-Fr 10-19, Sa 10-15 Uhr

Die Stadtbücherei Augsburg ist die größte öffentliche Bibliothek in Schwaben. Der Neubau am Ernst-Reuter-Platz mit rund 4.200 qm, eröffnet am 19. Juni 2009, ist ein „offenes Haus" für alle Altersgruppen, in der Grundform eines aufgeschlagenen Buches mit Buchstütze. Jährlich finden hier über 300 Veranstaltungen statt.

www.stadtbuecherei.Augsburg.de

Festplatz „Plärrer"   68

an der Langenmantelstraße

Ursprung des „Plärrers" waren die mit Märkten verbundenen mittelalterlichen Kirchenfeste, bei denen später auch

KULTUR

Schießbuden, Karussells, Kleintheater und Panoramen Aufstellung fanden.

Diese Feste wurden zunächst in der Stadtmitte an verschiedenen Plätzen abgehalten. Als die Anwohner gegen die zunehmende Lärmbelästigung klagten, wurden 1879 die Schaugeschäfte und Schießbuden von den Dulten getrennt und auf den sog. „Kleinen Exerzierplatz" verlegt. 1880 taucht „Plärrer" als Name für diesen Vergnügungsteil der Dult erstmals auf, seit 1976 ist dies auch seine offizielle Bezeichnung.

Der „Plärrer", das größte Volksfest in Schwaben, findet jeweils an Ostern und im Herbst statt.

Rosenau-Stadion 69

Stadionstr. 21, Tel. 324-9814

Nach dem Zweiten Weltkrieg wurden 700.000 Kubikmeter Kriegsschutt am Rosenauberg abgeladen. Dort entstand das Rosenau-Stadion, das 1951 eröffnet wurde und 31.000 Zuschauer fasst.

Das Rosenau-Stadion war bis 2010 Heimat des FC Augsburg (FCA), der 2007 sein hundertjähriges Jubiläum feiern konnte. Es ist ein Mehrzweckstadion mit Leichtathletikanlage in klassischer Ellipsenform. Seit Fertigstellung der neuen Arena im Herbst 2009 (Foto rechts: FCA) wird das Rosenau-Stadion als Trainingsgelände und vom BCA Oberhausen für seine Heimspiele genutzt.

SGL Arena 70

Das 2009 fertiggestellte Fußballstadion ist die Heimat des FC Augsburg, das erste klimaneutrale Stadion der Welt. Es liegt an der B17 (eigene Ausfahrt) und bietet etwa 31.000 Plätze, davon rund 11.000 Stehplätze. Der FCA ist in der Saison 2010/11 in die Bundesliga aufgestiegen.

www.fcAugsburg.de

Sporthalle 71

Ulrich-Hofmaier-Str. 30, Tel. 324-9805

Die Sporthalle wurde am 11. Dezember 1965 mit dem Hallenhandball-Länderspiel Deutschland-Frankreich eröffnet. Sie besitzt eine interessante Dachkonstruktion mit einem 60 m weit gespannten Hängedach. Im Erdgeschoss liegt das Hauptspielfeld von 26 x 48 m

SPORT

mit beiderseitigen Tribünen für 3000 Zuschauer. Die Sporthalle wird auch für Konzertveranstaltungen und Fernsehübertragungen genutzt.

Curt-Frenzel-Eisstadion 72

Senkelbachstr. 2, Tel. 324-9755

Das Kunsteisstadion ist benannt nach dem ehemaligen Herausgeber der „Augsburger Allgemeinen Zeitung" und langjährigem Vorsitzenden des Augsburger Eislauf-Vereins. Es umfasst zwei Eisbahnen (je 60 x 30 m) – davon eine überdachte Bahn – für alle Eissportarten und dem öffentlichen Eislauf zur Verfügung. Im Curt-Frenzel-Eisstadion tragen die „Augsburger Panther" die Heimspiele in der Deutschen Eishockey-Liga (DEL) aus.

www.aev-panther.de

Messezentrum Augsburg/ Schwabenhalle 73

Die Messe Augsburg ist der drittgrößte Messeplatz Bayerns mit innovativer Strategie und starker Wachstumstendenz. 12 Hallen mit 48.000 m² Bruttofläche, die multifunktionale Schwabenhalle, 10.000 m² Freigelände, ein modulares Tagungszentrum, vier Eingangsbereiche, beste Verkehrsanbindung sowie 2.200 Parkplätze in unmittelbarer Nähe bieten eine Vielzahl an individuellen Präsentationsmöglichkeiten. Dabei können die Hallen flexibel kombiniert

werden. Neben der maßgeschneiderten Location für Messen, Kongresse, Firmenpräsentationen, Ausstellungen, Tagungen, Konzerte und Events aller Art bietet die Messe Augsburg auch alle Dienstleistungen eines modernen Messeplatzes.

Die Messe Augsburg ist von allen Seiten optimal erreichbar. Anreise mit Bahn und Nahverkehr: DB-Haltestelle „Messe", Buslinie 41 und Straßenbahnlinie 3.
www.messeAugsburg.de

Flughafen Augsburg-Mühlhausen 74

Der Verkehrsflughafen wurde im Juli 1968 eröffnet, nachdem der alte Werk- und Zivillandeplatz der Firma Messerschmitt im heutigen Stadtteil Universitätsviertel 1955 aufgelassen worden war. Der Augsburger Flughafen liegt unmittelbar an der wichtigsten bayerischen Ost-West-Autobahn. Derzeit finden keine Linienflüge statt.

www.Augsburg-airport.de

ADAC-Fahrsicherheitszentrum 75

Im hochmodernen ADAC-Fahrsicherheitszentrum in Augsburg finden auf 70.000 m² vielfältige Kurse und Trainings statt, für alle Fahrzeugtypen und unter allen Fahrbahnbedingungen.

Neben der A8 München-Stuttgart, Ausfahrt Augsburg Ost. Geöffnet Mo und Mi 18:30–21:30 Uhr. Tel. 7487444, www.sicherheitstraining.net.

SPORT

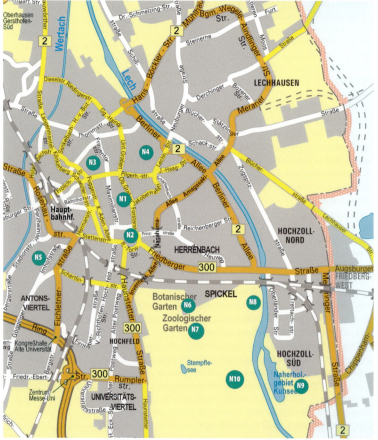

dass 1761 schon 93 Werke mit 163 Wasserrädern vorhanden waren. 63 Mühlen wurden betrieben.

Flüsse und deren Länge im Stadtgebiet:
Lech 19,9 km, Wertach 13,1 km,
Singold 6,2 km, 29 Lechkanäle 77,7 km,
4 Wertachkanäle 11,6 km, 19 Bäche 45,6 km
Länge insgesamt: 173,2 km

NATUR IN DER STADT

Lechkanäle N1

Der Lech legt knapp 19 km innerhalb des Augsburger Stadtgebietes zurück. Die Nutzungsmöglichkeit des Energieträgers Wasserkraft, der „Weißen Kohle", aus Lech und Wertach war für die Entwicklung Augsburgs von großer Bedeutung. Die Lechkanäle, die die Altstadt und die anschließenden Stadtteile durchfließen, haben ihren Ursprung in alten Flussrinnsalen, zum Teil sind sie auch auf künstliche Gestaltung zurückzuführen. Im Norden der Stadt – in der „Wolfzahnau" – vereinigen sich die Kanäle, und das Wasser fließt zurück in den Lech.
Bereits im 10. Jahrhundert sind am heutigen Vorderen Lech vier Mühlen nachweisbar. Im Jahre 1276 waren es fünf Wasserläufe und zehn Mühlen, im 14. Jahrhundert 14 Mühlen. Aus den Aufzeichnungen des Stadtbrunnenmeisters Caspar Walter erfahren wir,

Kräutergärtlein N2

Innerhalb des Roten Torwalls

Im ehemaligen Stadtgraben der Rote-Tor-Wallanlage ist 1983 nach historischem Vorbild das „Augsburger Kräutergärtlein" entstanden. Diese 1800 qm große Gartenanlage wird von den Augsburgern besonders gerne angenommen, denn die angepflanzten Gewürz-, Küchen- und Heilkräuter dürfen gepflückt werden. Auf mehreren kleinen, mit Bux eingefassten Beeten gedeihen etwa 20 verschiedene Nutzkräuterarten. Die Gartenanlage ist besonders reizvoll zur Rosenblüte, wenn dort die Rosenzüchtung „Fuggerstadt Augsburg" ihren Duft verströmt.

Hofgarten N3

Am Fronhof, geöffnet von Anfang April bis Ende Oktober täglich 8–21 Uhr.

Der Hofgarten gehörte zur früheren bischöflichen Residenz. Er wurde 1740 angelegt. Seit der Neugestaltung von 1964/65 ist der Hofgarten für die Öffentlichkeit zugänglich.

Die Barockzwerge nach Jacques Callot stammen möglicherweise aus dem Schloss Mirabell bei Salzburg. Sie sollen karikierte Hofschranzen darstellen.

Von den ursprünglich zwölf Zwergen gelangten fünf aus dem Nachlass des Kunstsammlers Hofrat Sigmund Röhrer (1861–1929) in den Besitz der Stadt Augsburg. Im Sommer lädt ein offener Bücherschrank der Müller-Spengler-Stiftung zur gemütlichen Lektüre ein (*Foto oben*).

Oblatterwall N4

Der Oblatterwall ist ein nordöstlich des Blatterhauses gelegener Erdwall, der um 1540 als Rundbastei mit eigenem Turm angelegt wurde. Ungeklärt ist, ob sich der Name von einem 1452 bis 1496 nachweisbaren Pulvermacher Oblatter oder von dem gegenüberliegenden Blatterhaus ableitet.

Am Oblatterwall befindet sich der Eingang zur Augsburger Kahnfahrt (*Foto unten*), einem beliebten Freizeitvergnügen.

Die Kahnfahrt ist geöffnet von Ostern bis Oktober, tägl. 11–23 Uhr, So und feiertags 10–23 Uhr. www.Augsburger-kahnfahrt.de

Rudolf-Diesel-Gedächtnishain im Wittelsbacher Park N5

Im Jahre 1957 entstand im Wittelsbacher Park der Rudolf-Diesel-Gedächtnishain, ein japanischer „Trockenlandschaftsgarten" in rechteckiger Form. Inspiriert wurde dieser älteste japanische Garten in der Bundesrepublik Deutschland durch den seit Ende des 15. Jahrhunderts berühmten Steingarten des Tempels Toeiji in der Präfektur Yamaguchi. Der Garten ist ein Geschenk des früheren Präsidenten Magokichi Yamaoka der Yanmar-Diesel Engine Co. Ltd., Osaka, aus Anlass des 100. Geburtstages des großen Augsburger Sohnes und Er-

BOTANISCHER GARTEN AUGSBURG

finders Rudolf Diesel (1858–1913). Der Hain, der neben einer Gedenktafel mit dem Modell des ersten Dieselmotors japanische Steinmetzarbeiten zeigt – die Steine wurden auf dem Wasserweg von Japan nach Deutschland gebracht –, ist auch Symbol der japanischen Freundschaft.

Botanischer Garten   N6

Dr.-Ziegenspeck-Weg 10

Im nördlichen Bereich des Siebentischwalds wurde 1936 ein Botanischer Garten angelegt und für die Öffentlichkeit zugänglich gemacht. Die Anlage wurde aus Anlass des 2000-jährigen Stadtjubiläums von 5 auf 10 ha vergrößert und neu gestaltet. 1985 war im Botanischen Garten der zentrale Ausstellungsbereich der ersten bayerischen Landesgartenschau unter dem Motto „Grün im Lebensraum Stadt" unter Gartenbaudirektor Kurt R. Schmidt.

Der Reigen der Veranstaltungen beginnt in jedem Jahr mit einer blumenbunten Osterschau im Victoria-Regia-Haus, er setzt sich fort mit Illuminationsabenden zur Zeit der Tulpenblüte, über Konzerte im Rahmen des Internationalen Jazz-Sommers, und endet mit einer von den Stadtgärtnern gestalteten Krippenschau zur Weihnachtszeit.

Partnerstädte Augsburgs legten zur 2000-Jahr-Feier eigene Gärten an. Die beiden japanischen Partnerstädte Amagasaki und Nagahama schenkten der Stadt eine bedeutsame Sehenswürdigkeit: einen „Japan-Garten", der zu den schönsten japanischen Gartenschöpfungen außerhalb Japans zählt.

Auf ca. 4200 Quadratmetern entstand nach historischem Vorbild fernöstliche Gartenkunst, die im Zusammenhang mit dem Garten „Kasura Rykyu" in der alten Kaiserstadt Kioto gesehen werden darf.

Geöffnet: täglich ab 9 Uhr; Schließung je nach Jahreszeit zwischen 17 und 21 Uhr. Erreichbar mit Omnibuslinie 32. Tel. 324-6038

Zoologischer Garten   N7

Brehmplatz 1

Der erste öffentliche Tierpark in Deutschland war von der Familie Fugger um 1550 in Augsburg (Jakobervorstadt) eingerichtet worden. Man zeigte Säugetiere und Vögel aus Europa, Afrika, Süd- und Mittelamerika.

Der heutige Zoo wurde am 12. Juni 1937 als „Park der Deutschen Tierwelt" durch Direktor Dr. Ludwig Wegele eröffnet. Nach dem Zweiten Weltkrieg gelang es dem Tiergartendirektor Prof. Georg Steinbacher, den Heimattiergarten zu

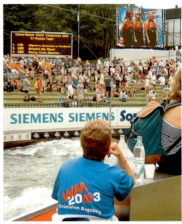

Siegerehrung bei der Kanu-WM

einem überregional bekannten Zoo auszubauen. Unter Zoodirektorin Dr. Barbara Jantschke wurden viele Anlagen modernisiert. Im Augsburger Zoo werden über 2000 Tiere aus aller Welt gezeigt, vom Kolibri bis zum Elefanten. Darüber hinaus gibt es den Streichelzoo „Kinderland" mit einer Mini-Eisenbahn, Pony-Kutschfahrten, Robbenfütterungen, Kindergeburtstage, geführte Rundgänge und vieles mehr. Als besondere Attraktion hat sich die begehbare Katta-Anlage erwiesen. Publikumsrenner sind Morgenspaziergänge und Abendführungen sowie die Dschungelnacht.

Geöffnet: täglich ab 9:00 Uhr, der Zoo schließt je nach Jahreszeit 16:30 bis 18:30 Uhr. www. zoo-Augsburg.de, Tel. 55 50 31. Erreichbar mit Omnibuslinie 32 ab Hbf oder Königsplatz.

Kanu-Slalom-Strecke   N8

Für die Olympischen Sommerspiele 1972 in München wurde beim „Hochablass" am Lech das erste Kanu-Slalom-Stadion in Deutschland erbaut, mit Tribünen für 24.000 Zuschauer. Die Durchführung des ersten Olympischen Kanuslaloms fand am 28. und 30. August 1972 statt. Die Strecke mit ihren Betonhindernissen (Schwierigkeitsgrad III-IV) ist 600 m lang und hat ein Gefälle von 4,1 m; die Wassergeschwindigkeit beträgt 3–6 m/s.

Die Stadt Augsburg ließ an der Olympiastrecke, dem „Eiskanal", auch ein Bundesleistungszentrum für Kanuslalom und Wildwasser erbauen. Die gesamte Anlage wird regelmäßig für nationale und internationale Wettbewerbe genutzt.

Der **„Hochablass"**, ein großes Lechwehr, das 1346 erstmals erwähnt wird, war ein schräg liegendes Streichwehr in Holz/Stein-Konstruktion mit einer Floßgasse. Nach einem Hochwasser wurde 1911/12 die heutige Stahlbetonanlage errichtet. Zwei Denkmalsfiguren am westlichen Brückenkopf, der „Flößer" und die „Spinnerin" mit Spindel, Füllhorn und Turbinenrad, symbolisieren die Bedeutung des Wassers und verweisen auf die Hauptnutznießer der Anlage.

Am Hochablass berichtet eine Steintafel über Naturkatastrophen und kriegerische Ereignisse dieser Augsburger Lebensader (Bild nächste Seite).

Im ehemaligen Presseturm wurde 2003 ein **Kanumuseum** eingerichtet. Es ist nach tel. Anmeldung sowie während Großveranstaltungen zu besichtigen.

Tel. 0171-9939 838,
www.akv-online.de/museumeingang.htm

Kuhsee N9

Der Kuhsee, ein künstliches Seebecken von ca. 15 ha Wasserfläche und einer Tiefe von 1 bis 5 m, entstand durch Kiesaushub beim Bau der Hochwasserdämme für den Lech in den Jahren 1970 bis 1972 aus dessen ehemaligen Altwasserarmen. Das Badegewässer ist von Spielplätzen, Liegewiesen und einem Freizeitgelände umgeben. Im Winter ist der zugefrorene See ein beliebter Platz zum Schlittschuhlaufen.

Erreichbar mit Omnibuslinie 23 oder 26

Siebentischwald N10

Der Siebentischwald, der fast an die Stadtmitte heranreicht, ist für die Augsburger das wichtigste Naherholungsgebiet. Sein Name geht auf eine Bierschenke mit sieben Tischen zurück.

Als Schöpfer des Siebentischwaldes darf Oberstadtbaurat Ludwig Leybold

gelten. Die Anlagen mit dem im Süden angrenzenden Stadtwald wurden 1873 bis 1875 nach einem Entwurf des königlich-bayerischen Hofgartendirektors Effner aus München erstellt. Mit einem Kostenaufwand von 97.000 Mark wurde aus einem Wiesengelände im Stile der damaligen Zeit ein englischer Park angelegt, der immer wieder erweitert wurde. Einem der Spender für die Anlage, Edmund Freiherr von Schaezler, errichtete man im Süden 1908 einen Brunnen, den der Augsburger Bildhauer Jakob Rehle gestaltete.

NATUR

AUSFLÜGE IN DIE UMGEBUNG

LEGOLAND bei Günzburg

Im Mai 2002 eröffnete das Legoland bei Günzburg. 50 Millionen Legosteine wurden für den 64 Hektar großen Freizeitpark verbaut – das vierte Legoland weltweit und das einzige in Deutschland. Sieben ausgeklügelte Bereiche erwarten den Besucher und regen den Spieltrieb, die Phantasie und Kreativität an.

Ab Mitte März bis Anfang November 10–18 Uhr geöffnet, länger an Wochenenden, Ferienterminen und Feiertagen. www.legoland.de, Tel. 08221/ 700700

Schloss Friedberg, Museum im Wittelsbacher Schloss

Schlossstraße 21; 86316 Friedberg

Das Museum im Schloss wurde als Historisches Museum im Jahre 1886 gegründet. Es feiert 2011 125-jähriges Jubiläum und ist im ehemaligen Schloss der Wittelsbacher Herzöge untergebracht, das um 1257 von Herzog Ludwig dem Strengen erbaut wurde; die heutige Anlage stammt von 1552-59.

Schwerpunkt der Sammlung ist die Darstellung ländlicher und bürgerlicher Kultur des bayerischen Grenzstädtchens Friedberg und seiner Umgebung. Zwei Spezialsammlungen haben überregionale Geltung: die Zeugnisse Friedberger Uhrmacherkunst vom 17. bis 19. Jh. und die Fayencensammlung mit Produkten aus der von Kurfürst Maximilian III. Joseph 1754 gegründeten Manufaktur. Zudem werden zahlreiche Sonder-Ausstellungen gezeigt.

Geöffnet: Di–Fr 14–18 Uhr, Sa, So und Feiertage 11–17 Uhr, Gruppen nach tel. Vereinbarung, Tel. 605651. www.museum-friedberg.de

Wallfahrtskirche Herrgottsruh

86316 Friedberg

Eine sehenswerte Kirche mit meisterlichem Stuck der Gebrüder Feichtmayr,

1738. Die Fresken der Chorkuppel schuf Cosmas Damian Asam, die des Langhauses Matthäus Günther, 1738/1749.

Wallfahrtskirche Maria Birnbaum

86577 Sielenbach

Österreich bis nach Gödöllö in Ungarn und zum andern bis Triest in Italien.

www.aichach.de

Auf die Zeit des Dreißigjährigen Krieges geht eine Wallfahrt zu einem in einem hohlen Birnbaum am Ortsrand von Sielenbach eingesetzten geschnitzten Vesperbild zurück. Der Bau, begonnen 1661, geweiht 1668, umschloss ursprünglich den Birnbaum. Bedeutender Barockbau.
Die Kirche liegt auf der „Route X" der „Ausstellungsstraße Barock und Rokoko" nach Freising.

www.kloster-maria-birnbaum.de

Sisi-Schloss Unterwittelsbach

bei Aichach, im „Wittelsbacher Land"

Herzog Max von Bayern, der Vater der Kaiserin Elisabeth von Österreich, erwarb 1838 das kleine Jagdschloss in einem großen Jagdrevier. Sisi verlebte hier einige Kindheitstage. In den Monaten Mai bis November finden Ausstellungen im Schloss statt, die sich zu einem echten Publikumsmagneten entwickelt haben. Seit 2002 ist das Wasserschloss, das heute im Besitz der Stadt Aichach ist, Ausgangspunkt einer neuen Ferienstraße von Bayern über

Fuggermuseum Babenhausen

87727 Babenhausen

Anton Fugger erwarb 1538 die Lehenshoheit und 1539 die Grundherrschaft von Babenhausen. Das Fuggerschloss – ursprünglich eine Burg aus dem 13. Jahrhundert – wurde im 16. Jh. erweitert. Zugänglich sind Fuggermuseum und Ahnensaal.

Führungen: April bis November Di–Sa 10–12 und 14–17 Uhr, So 10–12, 13–18 Uhr. Tel. Anmeldung für Gruppen: 08333 / 2931. www.fugger.de

Fuggerschloss Kirchheim

87727 Kirchheim an der Mindel

Der festliche Zedernsaal im Ostflügel des Schlosses zählt zu den schönsten Renaissance-Sälen Europas. Benannt ist er nach der Libanon-Zeder, deren Holz für die Decke des Saals (30x12 m) verwendet wurde. Die Schnitzereien der Kassettendecke (1585) stellen Fugger-lilien, Masken und Rosetten dar. Zahlreiche Veranstaltungen.

Zedernsaal geöffnet tägl. 9–12 und 14–18 Uhr. Tel. 08266 / 860020 bei Angela Fürstin Fugger. www.zedernsaal.de

Abtei und Schwäbisches Volkskundemuseum Oberschönenfeld

86459 Gessertshausen

Inmitten des „Naturparks Augsburg Westliche Wälder", ca. 20 km südwestlich von Augsburg, liegt die Zisterzienserinnenabtei Oberschönenfeld. Von 1690 bis 1763 entstand die reizvolle Architektur der barocken Klosteranlage.
In den ehemaligen Ökonomiebauten wurde seit 1984 unter der Trägerschaft des Bezirks Schwaben das Schwäbische Volkskundemuseum eingerichtet. Der frühere Ochsenstall wurde für die Dauerausstellung „Wohnen auf dem Lande" und für Sonderausstellungen genutzt. Ein weiteres Erlebnis ist das Naturpark-Haus mit der größten nachgebildeten Wald-Feld-Landschaft Bayerns auf 500 qm Ausstellungsfläche.
Ein vollständig eingerichtetes, strohgedecktes „Staudenhaus" der umgebenden Landschaft wird vom Heimatverein für den Landkreis Augsburg betreut.

Seit 2003 ist eine Schwäbische Galerie im Braumeisterstadel eingerichtet.

Museum geöffnet: Di–So 10–17 Uhr. Staudenhaus geöffnet: April bis Oktober Sa, So, Feiertag 13–17 Uhr. Führungen nach Vereinbarung, Tel. 08238/ 3001-0.
www.schwaebisches-volkskundemuseum.de

Western-City Dasing

an der Autobahn A8, Ausfahrt Dasing, B 300

Im August 1979 stellte Fred Rai eine Western-Stadt in seinem Reiterhof in Dasing auf. Von ursprünglichen 4000 qm vergrößerte sich Western-City bis auf 40.000 Quadratmeter. Seit 2005 werden im Sommer die Süddeutschen Karl May-Festspiele in der überdachten Festspielarena aufgeführt.

April–Okt. Mo–So 10–18 Uhr.
www.western-city.de

Kaltenberger Ritterturnier

Kaltenberg liegt zwischen Klosterlechfeld und Geltendorf, nahe der A96

Jeweils im Juli findet das Kaltenberger Ritterturnier statt, ursprünglich angeregt durch eine englische Rittersportgruppe. Das 1292 zum ersten Mal urkundlich erwähnte Schloss auf dem bewaldeten Berg schien für diese Idee wie geschaffen.
1985 wurde die Sand-Arena mit der Königsloge gebaut, die unterhalb des Biergartens liegt. Die Truppe der wagemutigen Cascadeurs Associés aus Frankreich, die in dieser Arena reiten und fechten wie die Teufel, ist seit 1983 dabei und längst zu einer festen Institution geworden.
Heute umgibt den Turnierplatz ein Markt mit Artisten, Gauklern, Handwerkern, Spielleuten, Quacksalbern, Narren, Raubrittern und vielen anderen Künstlern. Es ist inzwischen das größte Ritterturnier der Welt.

www.ritterturnier.de